投資を極める！

本当は教えたくない プロのノウハウ

外国為替トレード
The Winning Formula in Foreign Exchange Trade
勝利の方程式

マットキャピタルマネジメントCEO
今井 雅人

はじめに

　私は2004年3月までＵＦＪ銀行で為替のチーフディーラーをしていたのだが、15年間にわたって、年間を通じてのマイナスが一度もなかった。
　なぜかといえば、外国為替相場において勝つための方法論を学び、実践してきたからである。はっきりいうと、トレードとはゲームである。当然のことながら、ゲームに勝つにはルールや参加者の特徴を把握したうえで、勝つための技術を研究・実践する必要がある。しかし、トレードで儲けることができないと悩んでいる人に限って、不思議とこのことに無頓着なのだ。
　トレードに勝つための技術としては「内と外」の両方を知ることが重要である。「外」とは外部環境、つまりファンダメンタルズ分析やテクニカル分析である。そして、「内」というのは自分自身である。自分の性格や資金量に合ったルールをつくり、それから自分自身をいかにコントロールしていくかである。孫子の兵法に「彼（敵）を知り己を知らば、百戦殆(あや)うからず」という有名な言葉があるが、これはまさにゲームに勝つための黄金律といえる。
　この2つのバランスが大切であるにもかかわらず、大変残念ながら、日本においてはこうしたことをきちんと教えているところがあまりない。
　本書は、私がこれまでに得た「トレードにおける勝利の方程式」について、微力ながらお伝えしたいと考えて執筆したものである。みなさんのなかには「そんな重要なことを何で人に教えるの？」と考える

人がいるかもしれない。私でも逆の立場だったらそう思うことだろう。

それには理由がある。

まず、私は長年、外為市場委員会の委員として東京市場をどうやったら活性化できるかに取り組んできたという経緯もあり、最近のＦＸ（外国為替保証金取引）の活発化を非常に嬉しく思っている一人であるということ。

そして、どうせならみなさんに儲けて欲しいと考えているからだ。

しかしながら、率直なところ、為替トレードというものはむずかしく、普通の人にはまず勝ち続けることはできないだろうと思う。私は銀行時代に延べ100人以上の為替ディーラーと一緒に働いたが、儲け続けることができた者は１割程度しかいなかった。そういう厳しい世界なのである。したがって、一般の方が漫然と為替トレードに取り組めば、大多数の人は短期間のうちに負けて、市場から追い出されてしまうことだろうと危惧している。

とはいえ、それなら一握りのスーパーマンにしか勝つことが許されていない世界なのかといえば、そうでもない。事実、私でも勝ち続けることができたのだ。つまり、きちんと「勝つための方法論」を学んでいけば、みなさんも儲け続けることができる投資家になれるチャンスは十分にあるのだ。

せっかく外国為替市場というものに興味をもち、投資に取り組む人が増えてきたのだから、何とか勝てる投資家、儲け続けることができる投資家を増やし、多くの方が「よかったなぁ」と喜ぶ顔を見たいのである。

ちなみに、外国為替市場は毎日200兆円もの取引がなされるほど巨

大なマーケットだ。みなさんが私から「勝利の方程式」を学び、真似したからといって、私自身が勝てなくなるという心配は無用であるから、大いに精進していただきたい。

　なお、本書をまとめるにあたっては、友人で金融ジャーナリストの鈴木雅光氏からさまざまなアドバイスをいただいた。本の執筆は為替トレードよりもずっとむずかしく、彼の助力がなければ、このようなかたちにまとめることはできなかったのは間違いない。この場を借りて感謝を申し上げたい。

2005年7月

今井　雅人

外国為替トレード　勝利の方程式
もくじ

はじめに

序章
15年間勝ち続けてきたこれだけの理由

マージャン、剣道、相場の共通点 …………………………… 10
むずかしい相場と簡単な相場 ………………………………… 15
準備があれば「気付き」が生まれる ………………………… 17
トレードは人間の行動心理学 ………………………………… 21
行動の指針はシングルよりもダブルで ……………………… 25
「儲からないトレーダー」にならないための鉄則 ………… 27

● column　私の師匠／30

第1章
ゲームのルールを知る（vol.1）
　　　──どのように為替相場は動くのか？

為替相場という独特の世界 …………………………………… 34
マーケットのクセを見極める①
　　──日本の季節要因 ……………………………………… 38
マーケットのクセを見極める②
　　──海外の季節要因 ……………………………………… 42
相場の季節性のまとめ ………………………………………… 45

為替相場の1日の動きのクセ ……………………………………………48
為替市場で起きる「よくあるパターン」……………………………51

第2章
ゲームのルールを知る（vol.2）
──相場はこうしてつくられる

実需（貿易取引）………………………………………………………56
投資と投機（資本取引）………………………………………………60
直接投資がインパクトを与えるとき …………………………………63
相場形成の基本パターン①
　　──短期の間接投資の影響は3段階で動く …………………67
相場形成の基本パターン②
　　──中長期のトレンドは米国の為替政策を見よ! …………71
相場形成の基本パターン③
　　──材料がなくなると浮上する「金利差」…………………76
「為替介入」という変動要因 …………………………………………79
「自国通貨安」への介入には限界がある ……………………………82
為替介入は相場を動かせるのか ………………………………………85
為替相場が人為的に動かされる場合 …………………………………88

● column　勝負師はげんをかつぐ／90

第3章
ゲームの参加者を知る（vol.1）
──日本の投資家

機関投資家の代表「ザ・セイホ」……………………………………94

似たようなポジションをもつ「銀行」………………………97
リスクを取るのに慎重な「証券会社」……………………101
生命保険会社と似た「アセットマネジメント」…………103
春先の円安要因になる「郵貯・簡保資金」………………107
身動きの取りにくい「実需筋」……………………………109
日本の投資家はベンチマーク運用が基本…………………112

第4章
ゲームの参加者を知る（vol.2）
──海外の投資家

大きな影響をおよぼす「ヘッジファンド」………………116
システムの売買サインで動く「モデルファンド」………121
1998年のヘッジファンド危機の教訓………………………124
その他の海外投資家たち……………………………………128

第5章
トレード技術を知る（vol.1）
──相場観のつくり方

ファンダメンタルズかテクニカルか？……………………132
相手の心理の読み方…………………………………………137
相場観をつくるための情報入手術…………………………141
価値のある情報とは何か……………………………………144
相場観は連想ゲーム…………………………………………147
相場に影響をおよぼす経済指標……………………………150
日本の経済指標はどのくらい大事か………………………155

要人発言は相場に影響を与えるか？ ……………………………158
市場も間違える ……………………………………………………161

第6章
トレード技術を知る（vol.2）
──売買テクニックを磨く

長期投資か短期トレードか？ ……………………………………166
相場では「入り口」が大事 ………………………………………169
「出口」のルール …………………………………………………172
順張りか逆張りか？ ………………………………………………175
「復習」を繰り返すことが大切 …………………………………178
健康管理は大切 ……………………………………………………182
「金勘定」をしてはいけない ……………………………………184
「行動ミス」を犯さない …………………………………………187
最初は小さく、後は段々大きく …………………………………190
サラリーマン・トレーダーの心得 ………………………………195
相場での駆け引きはチャートに表れる …………………………198
レンジ相場を生き抜くためのコツ ………………………………201
ナンピン厳禁 ………………………………………………………204
精神的な「リスク許容度」という考え方 ………………………206
休むも相場 …………………………………………………………208
「トレードノート」をつけよう …………………………………210

第7章
精神力を高める
「守破離」で自分なりの"勝利の方程式"をつくれ！

「生き残ること」を考えよう ……………………………… 214
最初に決めたことを守る ………………………………… 218
もう一人の自分をもつ …………………………………… 222
すべては自分の責任 ……………………………………… 225
局面での負けを認める …………………………………… 229
少数派を楽しもう ………………………………………… 232
相場の流れもいつかは変わる …………………………… 235
いつも謙虚に ……………………………………………… 238
自分の限界を知れ ………………………………………… 241
自分の得意技を会得する ………………………………… 244

◎カバーデザイン／村上顕一
◎本文レイアウト・DTP／ダーツ

序章

15年間勝ち続けてきた これだけの理由

What I have been focusing on for the past 15 years
to outperform the market

マージャン、剣道、相場の共通点

　浪人生のころ、雀荘で代打ちの見習いをしていたことがある。いまにして思えばとんでもない浪人生なのだが、そのときの経験が、為替ディーラーという職業にも役立ったのだから、世の中、何が効を奏するかはわからない。

　正直、マージャンというゲームに出会ったとき、世の中にこんなに面白いゲームがあったのか、と興奮したことを覚えている。

　何にそれほど感動したのかというと、あの四角い卓のなかで、「ツキのやり取り」が行なわれることだ。

　あの四角い限られた世界のなかで、どうして強い人と弱い人がいるのだろうか。勝敗を決するのは実力なのか、それとも運なのか。まったく実力の拮抗した４人が戦いを繰り広げて、それでもゲームを続けていくと、必ず勝敗が決してくる。これはなぜなのか――。非常に興味深く思ったことを覚えている。

POINT

為替トレードもマージャンも似たようなゲーム。決められたルールのなかで、参加者がそれぞれの思惑をもって、「ツキのやり取り」をするのだ。そのゲームで勝つための秘訣は２つ。まずは大負けしないこと。そして、勝てるときにはとことん勝つことである。

大学に入学するまで、雀荘のアルバイトを続けていたのだが、そのころよく来る常連のお客さんがいた。その人はフリーで入ってきて、空いている卓で打ち始めるのだが、最後には必ず勝つ。そうなると、その人に対して俄然、興味がわいてくる。どうしていつも勝てるのか。どこが他の人と違うのか。どうやったら、この人に勝つことができるのか、と。
　こうして、その人の打ち方を見ていると、少しずつだが、勝負に勝つ人のパターンが見えてきた。

　とにかく、いつもツキが付いて回っている人など、まずいないということ。誰でもツイていることがあれば、ツイていないこともある。
　そして、常に強い人が、毎回毎回の勝負で勝っているとは限らないということ。最後にはトップで上がるものの、そこに行き着くまでの局地戦では、勝ったり負けたりを繰り返している。それでも、最終的にはトップを取るのである。
　タネを明かせば簡単なことだ。
　まず、この人はツイていないときでも、絶対に大負けしないような打ち方をしているのだ。半チャンが終わったときに4番手にはならない。どれだけツイていなかったとしても、常に2番手か3番手にいる。「回復不能」なダメージを受けないのである。
　そして、勝てるときには容赦なく攻めていく。その態度は徹底しており、ともかく周りの人間を叩きのめすまで攻め立てる。

　実は、ここが勝負のカンどころだ。ツキをコントロールする方法と

いってもいいだろう。まずは大負けしないこと。そして勝てるときには徹底的に勝つことだ。その際、たとえば「少し勝ち過ぎたから、少し手心を加えてやろうか」などと思おうものなら、その途端にツキは逃げていく。だから、仏心などは絶対に見せず、勝てるときはとことん勝ちを狙っていく。

　これこそが為替のトレードにも当てはまることなのだ。

　トレードで失敗するのはどういうときか？　自分自身の失敗の経験を振り返ってみると、勝ちまくっているときほどつまらない失敗をしでかしている。そういうときは心のどこかに「少しぐらいいいか」という油断がある。そうなると、もう二度とツキは戻ってこない。そこから再び勝ち続けることはできないのだ。

　大負けしないためには、どうすればいいのだろうか。常に場の流れを読み、相手と自分とを比べているということだ。いまこの局でこの相手に立ち向かっていったとき、果たして自分は勝つことができるのだろうかと考える。そして勝てないと判断したら、とことん負けが込まないような打ち方に切り替えていく。最小限の負けで終わらせる努力をする。負ける金額を小さくしているうちにツキを呼び込むことができる。そして、次に自分にツキが回ってきたときに、一気呵成に攻めていく。こういう姿勢で勝負に臨んでいる人たちが、最後に勝っているのだ。

　実は、私がマージャンとともに昔からやっている剣道にも似たよう

なところがある。剣道も勝負事だから、引いてしまったらその時点で負けてしまう。常に勝ちに行くという気持ちをもつことが大事なのだが、だからといって闇雲に勝負に出ても負けてしまう。自分の体勢が崩れたり、不利な状況のときに勝負に出たりすると、十中八九相手の思うつぼにはまってしまう。相手に攻められて、形が崩れてしまったときには、まずは自分自身のいい形をつくり、そのうえで勝負に出ていくのが基本だ。

　もちろん、相場の場合、マージャンや剣道とは違って、直接目の前に相手がいるというわけではないので、イメージが湧きにくいと思う。ひとつの方法としては、相場そのものを勝負する相手だと思ってみるといい。相場がもみ合いになって乱高下しているようなときは、相場という相手がツイていると思えばいい。逆に、一本調子でトレンドがはっきりしている相場展開のときには、自分に利があると思って、ガンガン攻めていく。

　もうひとつの方法は、第3章、第4章で述べるように、為替のマー

POINT

剣道の試合では、闇雲に打って出ても負けるだけ。まずは自分の形をつくり、相手の形を崩してから攻めなければならない。為替トレードにおいては、相手の形を崩すことはできないが、幸い、勝負から逃げても負けではない。だから、流れが自分にきていないと感じたときには、相場に参加しなければよい。

ケットに参加している投資家をイメージすること。マーケットに参加している者には、ヘッジファンドなどの投機筋もいれば、機関投資家もいる。輸出業者や輸入業者など実需関係者も取引に参加している。こういった人たちが、いまの相場展開をどう考え、次にどういう行動を取ってくるのだろうかということをイメージしていくのだ。

いずれにしても、勝負の要諦は、じっと耐えることにある。きょうの勝ち負けに一喜一憂するのではなく、最後に勝つ、トータルでプラスにすることが大切なのだ。だから、とくに負けが込んでいるときは、大負けしないようにじっと耐えて、ツキが回復するのを待つ。そこで損失を回復しようとあせって、慣れないことに手を出してはならない。一旦休んで、次のチャンスがくるのを待てばいい。

その点、為替のトレードの良いところは、休めるところにあるといってもいいだろう。剣道であれば、試合の途中で休むわけにはいかない。マージャンにしても、自分が勝ち続けた後でツキが逃げたからといって、勝負の場から降りるわけにはいかない。「勝ち逃げするつもりか」と言われ、友人関係を壊すのがオチだ。

しかし、為替のトレードであれば、自分にツキがないと思ったときには、さっさと勝負から降りればいい。自分の好きなときに降りることができるということが、他の勝負事と大きく違うところだ。だから、誤解を恐れずにいえば、為替のトレードはマージャンよりも勝てる確率が高い勝負事なのである。

むずかしい相場と簡単な相場

　私の経験上、個々の仕掛けの勝率は6割もあれば上出来だ。勝率は6割だけれども、勝つときの儲けが大きくて、負けるときの損失が小さいというのがホンモノのプロである。もっといえば、6勝4敗のなかの、1勝で大半の儲けを稼ぎ、5勝は小さく勝ち、4敗はもっと小さく負ける、という程度でいい。あるいは場合によっては、たとえ4勝6敗であったとしても、その勝ち方、負け方によっては、トータルでプラスにする、すなわち勝つことはできるのだ。

　そのためにはどうすれば良いのか？　それは、「ここぞ」というときだけやって、そうでないときにはやらない、あるいは小さくやることだ。

　為替相場で大切なことは、「動く相場＝儲かる相場」ではないということだ。たとえばドル円でいうと、105円から110円ぐらいで上がったり下がったりしていると、いかにも儲かりそうに思えるが、実はこういう相場は非常にむずかしいのである。

　プロのディーラーでも、相場が動くと、それに巻き込まれてしまうことが多い。「相場に踊らされている」というか、上がったり下がったりしているなかで、売ったり買ったりしているから、ものすごく活発にトレードをしているような気になるのだが、振り返ってみると、トータルでは負けていたりすることが多いのである。

カンタンな相場
・見逃さない
・トコトン勝つ

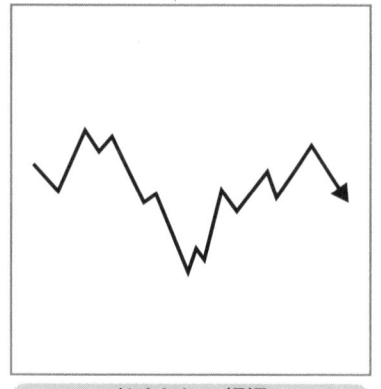

むずかしい相場
・できれば近寄らない
・ハマってしまったら、なんとかしのぐことに注力する

　逆に一本調子で上がるとか、一本調子で下がるといった相場は、いちばん儲けやすい。したがって、そういうときにいかに大きく勝つことができるか、そこにこそプロの真骨頂がある。

　だから、相場を楽しみたいのではなく、相場で儲けたいのならば、むずかしい相場はできるだけ避ける、あるいはむずかしい相場に巻き込まれてしまったならば何とかしのぎつつ、簡単な相場を見落とすことなく、そこで徹底的に勝たなければならない。

　これが鉄則である。

POINT
むずかしい相場には手を出すな。むずかしい相場に巻き込まれたら痛手を負わないようにしのげ。その代わり、簡単な相場には貪欲に食らいつき、徹底的に勝たなければならない。

準備があれば「気付き」が生まれる

　為替ディーラーはサラリーマンである。いつも「上がった、下がった」と一喜一憂しているところからすればギャンブラーのようにも見えるだろうが、一応はれっきとした銀行員である。当然、所属する銀行の社員証ももっている。

　ただ、日本でいう一般的なサラリーマン像でディーラーを務めようとすると、恐らくは儲からない。

　サラリーマンには上司がいる。とくに日本の銀行員の場合、上司に気に入られてナンボのものだから、上司の目が光っている以上、一所懸命働いていますよという姿勢を見せなければならない。実は、こういう行動パターンがディーラーとしては命取りなのだ。

　常に一所懸命に働いているところを見せたいがために、いつも売った、買ったを繰り返しているディーラーがいる。私がこれまで見てきたなかで、この手のディーラーで継続して儲けることができた人はほとんどいない。さきほどの話のように、いまの相場の流れが自分にとって不利な状況のときは、勝負から降りてしまい、再び自分にとって有利な状況になるのを待つことが大事なのである。

　逆に継続して儲けることができているディーラーは、相場が不利なときは「いいんだよ、結果さえ出せれば」などと嘯(うそぶ)いて、昼寝を決め

込んでいる。ところが、相場に何か大きな変化が現れ、それが自分にとって有利な状況であると判断すると、途端に起き上がって一気にトレードをしまくる。そして大儲けする。

　周りのサラリーマン・ディーラーにすれば、当然のことながら面白くない。「なんだ、あの野郎ふざけている」とか、「なんで、アイツばっかり儲かるんだ」などと、妬まれることになる。

　しかし、こういう優秀なディーラーの名誉のためにいわせてもらうと、彼らは寝ているように見えるあいだも、実はいろいろなことを考えて、次のチャンスがくるのを待っているのである。

　じっと値段を見る。最初は上に下に大きくブレていたものが、少しずつブレが小さくなっていく。売りと買いの力が拮抗して、どちらに動くのかが見えにくくなっていく瞬間だ。こうなると、多くの市場参加者はどんどんじれてくる。そして、ふと上か下に抜けた瞬間、いままで居眠りを決め込んでいた優秀なディーラーは一気に動く。上に抜ければ買いであり、下に抜ければ売りだ。それはもう、一気呵成に、畳みかけるようにどんどん注文を出していく。

　こういう場面は早い者勝ちの世界である。

　相場に参加している人たちはみな、常に儲けるチャンスを待っている。だから相場の動きがどんどん小刻みになっていく過程で、誰もが次に大きく動くチャンスをじれながら待ち構えている。そこでどちらか一方に相場が動くと、売りでも買いでも一気に動いてくる。たとえば上がったのであれば、その瞬間を捉えて買いを入れ、他の人が相場についてきたときを見計らって売ればいい。ところが優秀ではないト

レーダーは、みなが買いに動いているときにようやく目を覚まして買いに動く。そして自分だけが高値を掴まされて、あとはもうどうにもならなくなる。

　どうやって相場が動く瞬間を見極めればいいのか。それこそ準備が大事なのだ。相場はあくまでも「因果の世界」である。次の動きが、それまでの経過と無関係なところで突然始まるというものではない。その前に起きていることの影響を受けて、次の相場が形成されていくのだ。だから、その経過をじっと見ていく。どんどん値動きが小さくなっていけば、「あれ？　変だな」「何か動きそうだな」ということに気付く。あるいは直前に一気に上がっていれば、大きく下げる可能性もある。この「何かありそうだな」という感覚をもてるようになれば、ディーラーとして一流になれるはずだ。
　では、こうした気付きは、どうやったら身に付くのだろうか。ここで大事なのが訓練と好奇心、そして想像力である。
　株式の銘柄発掘でも、自分の生活に身近なところで起こっている現象に目を向け、そこからどの会社の株式に投資すれば儲かるかということを考えるやり方がある。いま、この商品が売れているな、そうで

POINT
日頃から自分なりのシナリオを描き、想像力を働かせていれば、相場が大きく動く前の「違和感」に気付く。そして、違和感に気付いて準備ができていれば、相場が動いた瞬間に乗り遅れることなく、大きく攻めることができる。

あればどの会社が儲かるかなといった具合に、想像力を働かせていくわけだ。
　為替でも似たようなことをすればいい。

　これからドルは買われるはずだ、ユーロは売られるはずだ、理由はこれこれこういうことが考えられるからというように、ニュースなどを参考にしながら、自分なりにシナリオを描いていく。もちろん、自分のシナリオどおりに動かないこともある。そのときは、どうして動かなかったのかということを検証してみる。これが訓練だ。この訓練を繰り返すことによって、いろいろなことに対して興味をもつようになり、また相場観（カン＝勘）も身に付いてくる。
　想像力を養うための訓練は、それこそいろいろなところでできる。たとえば電車に乗っているとき、自分以外の乗客がどこで降りるのかを想像してみる。この人の服装からすると、職業は多分○○だから、恐らくあの駅で降りるのではないかなどと考えているうちに、徐々に当たる確率も高まっていく。日常のさりげない材料をベースにしても、十分に想像力の訓練はできるものなのだ。

トレードは人間の行動心理学

　こうした想像力は、恐らく推理小説を書いている作家の気分のようなものだ。日常生活のなかで、自分の推理が当たるかどうかを楽しむゲームを繰り返す。為替にしても株式にしても、相場をやる人間にとっては、最も大事な訓練になるはずだ。

　そして、その根底にあるのは人間の行動心理学である。相場が動く理由はたったひとつ。それは、「人がそう思うから動く」ということ。人が何かを思って、その思いに沿って行動をするために、相場は動く。もっと簡単にいえば、みなが上がると思って買えば上がるし、逆に下がると思って売れば下がるのである。

　したがって、相場に参加している投資家が何を考えているのか、どういう行動をするのかを事前に分析して先回りするのが、相場で勝つための鉄則である。

　よくＧＤＰの伸び率がこのくらいだから何が買われる、あるいは売られるなどと、もっともらしい理由付けがなされる。しかし、それはエコノミストの仕事だ。相場でお金を稼ぐディーラーは、エコノミストとはまったく違う世界の人間だということを理解しておく必要があるだろう。そもそも為替ディーラーは、そのような細かい経済指標の数字に対して、それほど関心をもって見てはいない。

為替ディーラーに必要なのは、経済指標を見ることではなく、あくまで「それを受けて人々がどういう行動を取るのか」を考えることである。経済指標は人々がものを考える材料ではあるが、それ自体が相場を動かす要因ではないのだ。それはまさに群集心理学であり、行動心理学である。すなわち、みながどういう行動を取るのかということさえ考えていれば、相場は意外と簡単なものなのだ。

　そのように考えるきっかけになったのは、私がトレーダーになって３年目のこと。研修のためにシカゴに赴いたときの経験がきっかけだった。

　シカゴの商品先物取引所には、トウモロコシや大豆といった穀物の先物だけでなく、ブロイラーなどの家畜、貴金属、債券や通貨などの金融先物なども上場されている。当時、この市場での取引に参加しているディーラーには、実はある種の階層があった。いちばん上のランクは債券ディーラー。大学院を卒業した連中がこの座に就く。

　次の階層は金利のディーラーで大学卒業程度の学歴。そして、為替や商品の先物取引になると、高卒や中卒がメイン。学歴など関係なく、一夜にして大金持ちになれるチャンスがあるからそういう連中が集まる。そして実際に、そういうチャンスはあるのだ。

POINT
相場を動かすのは、相場に参加している人である。したがって、経済指標で注目すべきことは、その指標そのものがもつ意味ではなく、それを見た参加者がどう動くかだ。

では、学歴のない人間が中心になって取引されているマーケットとは、一体どういうところなのか。

　実は当時、為替の取引が行なわれている取引所の周りには、外部からニュースが流されてくる掲示板すらなかった。つまり、取引所外の世界からは、情報面で隔絶された世界だったのだ。しかも、取引を行なっている連中は、貿易収支をはじめとする経済指標についてもまったく見ていないし、無頓着なのだ。そういう彼らが何をベースにして売買をしていたのかというと、「市場参加者がどちらのほうを向いて取引しているか」ということだけである。

　これには正直、驚いた。というのも、私は為替のディーラーを始める前にドル金利のディーラーをやっていたのだが、そのときはマネーサプライやＧＤＰなど、いろいろな経済指標をウォッチしてディールを行なっていたからだ。そのため経済や金融についても、一通り勉強していたし、この手の経済指標がマーケットを動かす要因になるのだと教わってもいた。ところが、シカゴに行ってそこで取引している為替のディーラーたちを見ていると、誰も経済指標など気にしていなかった！

　たとえば、ローカルズという取引所ではどういうことが行なわれていたのか？　ここの中心にいるのは、数人のボスである。最初は丁稚として取引所に関わり、どんどん金儲けをして、いまや自分のカネを大きく動かしているトレーダーである。

　この周りに、まだそれほど大金でもないが、自分のカネで相場を張っている小兵のトレーダーがいる。そしてブローカーとして注文を取

り次ぐ者が彼らを囲み、さらに外側には顧客から注文を受けているブローカーがいるという四重構造である。

　ここでの行動パターンは二つある。まずは、ボスの動向を見て相場を張ること。狭い取引所のことだから、みんな誰がどういうポジションをもっているかはわかっている。あるボスがツイているときには、みながそれに追随したポジションをもつ。逆にツイていないとみれば逆のポジションをもつわけだ。

　次はいちばん外側にいる、顧客からの注文を受けているブローカーの動きである。この場合の顧客というのは、ポール・チューダー・ジョーンズだとか、リチャード・デニスといった全米に知られた超大物為替トレーダーである。彼らがフロリダあたりから電話で出す注文に応じて、ブローカーが動けば、それっとばかりにみなが同じ行動を取るのである。

　正直、「なんじゃこりゃ！」と思った。

　そこで気付いたことは、相場は人間の欲望の集合体なのだということだ。金儲けをしてやろうと考えている、欲の皮が突っ張った連中がワーワー動いて、相場が形成されていく。そこには、経済指標うんぬんなどというものは、さして大きな意味をもたない。まさに大事なことは、市場に参加している連中が何を考え、どういう行動を取るのかを素早く把握することなのだ。そして、そういうものを示す指針が何かないかと考え、取り組み始めたのが、テクニカル分析の勉強だった。

行動の指針はシングルよりもダブルで

　テクニカルも学びなさいというと、ファンダメンタルズ派の人間からは、「あんなものはオカルトだ」などという批判を受けることがままある。

　ファンダメンタルズ派かテクニカル派かで議論が分かれるが、私はその両方が大事だと考えている。ファンダメンタルズ一本やりでもなければ、テクニカルを妄信しているわけでもない。両方が使えてこそ、強さを発揮することができる。

　私の経験から話をすると、シカゴでテクニカルを勉強し、それを駆使して相場の動きがわかるようになった（そういう気がしていた）ころは、「俺は世の中で何が起きているのかがわからなくても、相場がどうなるのかが見える」などと、偉そうに言っていた時期もあった。そのくらい、当初はチャートしか見ていなかった。

　ところが、日本に帰国して、相場の動きについて人前で話す機会が増えたとき、やはり「チャートがこうなっているから上がるんだ」と

POINT
ファンダメンタルズによって方向性に理由がつけられるときに、テクニカルの形が一致すれば、経験上8割の確率で見通しが当たる、最強のトレードチャンスだ。

いうだけでは、どうにも収まりがつかなくて困った。そこでチャートだけではなく、ファンダメンタルズやマーケットに参加している人たちの行動心理なども合わせてみるようにしたのだが、そうすると、不思議なことに、これらがうまく融合するようになってきたのだ。

　つまり、ファンダメンタルズでも、テクニカルでも買いのサインが出れば、「確信をもって」買いにいけるのだ。その結果、大きなリターンも狙えるようになってきた。
　当然のことながら、シングルよりもダブルが強いのだ。ファンダメンタルズ一辺倒、テクニカル一辺倒ではなく、その両者を上手く使いこなす。相場の分析を行なうにもいろいろな手法があるが、このうち得意技を2つもっていれば、その得意技の両方で同じサインが出たときには、自分自身の経験上、8割の確率でもって見通しが当たる。
　これは、プロの為替ディーラーだからできたことで、一般の個人投資家にはムリだ、という話ではない。基本的には誰にでもできる。とにかく、相場の見通しを立てるのにも、2つの得意技をもつということ。それが大事だ。それをベースに、日々マーケットをウォッチすることによって、市場に参加しているさまざまな投資家が、いま何を考えて、どういう行動を取ろうとしているのかを想像する。これを繰り返し、経験を積むことが、相場で勝つためには必要なのである。

「儲からないトレーダー」にならないための鉄則

　ちょっとした例を挙げてみよう。まずはこれから列挙する13の事例を読んでもらいたい。いま実際にトレードで四苦八苦している人たちは、思わず「ある、ある」と頷かれるのではないだろうか。

① 　小刻みなトレードがうまくいって連戦連勝し、こつこつと貯金をつくった。ところが、その後、たった1回のトレードに失敗して、せっかく積み上げてきた貯金を全部すってしまった。

② 　少し損したら止めようと軽い気持ちでドルを買った。その後、相場はジリジリと下がったが、もう少し様子を見ようと考えて売らずにいたら、さらに下がってしまった。結局、損切りができないままもち続けてしまい、最終的には金利差も取れることだし、預金だと思って持ち続けようというように、方針を大きく転換するハメになった。

③ 　米国の景気が良くなると思ってドル買いのポジションをもった。予想どおり、発表される経済指標は良好なものばかりだったが、なぜかドルは上昇せず、逆にズルズルと下げてしまった。

④ 　レンジ相場を抜けたと思ったところで高値で買ったが、下げてしまい、やむなく売却。しかし、売却したところが底値で慌てて買い向かったものの、またまた下落。今度は売りから攻めてみたものの、

相場は再び上昇へと転じて損切りを余儀なくされた。気が付くと、レンジ相場のなかで何度もやられていた。

⑤　負ければ負けるほど、損失を一気に取り返そうとして、1回ごとの取引金額がどんどん大きくなってしまった。

⑥　上がったら売ろうと思って指値注文を出しておいたが、指値の一歩手前で相場が息切れしてしまい、結局は売却できずに終わってしまった。

⑦　ドル高を予想してドルを買ったが、ちょっとドル安に戻ったところで弱気になり手仕舞った。またドルが上がり出したのでドルを買ったが、またまた下がり出したところで弱気になって手仕舞った。そんなことを繰り返しているうちに、どんどんドル高が進んだトレンド相場だったにもかかわらず、ほとんど儲からないという結果に終わってしまった。

⑧　ここを抜けたらまずいと思ってストップロスオーダーを入れていたが、そのオーダーが約定した途端、相場が反転し、結果としては相場から振り落とされただけで終わってしまった。

⑨　いつかは円高になると思ってドル売りポジションを持っていたが、まったく円高に向かう気配がなく、面倒になってポジションを閉じた途端に円高へと進み始めた。

⑩　いきなり、自分が取れる最大限のポジションで取引をスタートさせたため、わずかに相場が逆の方向に行っただけでポジションを閉じなければならなくなり、かつその後も身動きが取れなくなってしまった。

⑪　大きなトレンドで大儲けしたものの、その後、乱高下の相場で派

手な売買を繰り返し、結局、儲かった分を全部吐き出してしまった。
⑫　有名な評論家が言ったことを真に受けてポジションを取ったものの、結局は損をしてしまった。後になってその評論家を恨んだが、むなしかった。
⑬　自分は円安になると思っていたのに、周りの人間があまりにも円高に行くと言うものだから不安になって取引を止めてしまった。その後、結局は円安が進んだ。

どうだろうか。当てはまるものがあっただろうか。実はこれらのケースは、私が15年間為替トレードに携わってきたなかで、周りの儲からないトレーダーたちが繰り返し行なっていた失敗ばかりである。

そして私自身はというと、こうした失敗を少しでも減らすように心がけて、トレードをしてきた。つまり、「ここに挙げた例を減らすこと」が為替トレードで勝つための鉄則である。その結果、私は15年にわたって年間のリターンをマイナスにすることなく、勝ち続けることができたのである。

では、実際、どのように相場と対峙し、トレードを行なったら「勝てる」のか――。本書を最後まで読んでいただければ、大いなるヒントを得られるはずだ。

column 私の師匠

どんな世界でも、一流になるためには、先生や師と仰ぐ人がいるものである。習い事の世界においても、「お師匠様」から学ぶべきことを盗んでいくのが常道である。

私にもトレードでの師と仰ぐ人がいる。銀行時代の上司である。

この人は当時、周りの人に「アジアのソロス」と呼ばれていた。普段、机でじっと考え事をしていたりするのに、ある瞬間、急に鬼のように売り続けたり、買い続けたりということをする人だった。そしてそういうときは、その後、かなりの確率でその人がポジションをもった方向に相場が動いたものである。

また、帰り際になると、「ちょっとこのオーダー、海外に回しといて」といって紙をよく渡された。買い下がりや、売り上がりのオーダーが多かった。それが夜のあいだに海外市場で全部成立して、翌朝、東京に戻ったときには相場が戻っていることが多く（つまり、うまく仕込んだり、手仕舞ったりできていて）、「一体どうしてなんだろう」とびっくりしたものである。

周囲の人間は「あの人は天才だから」と言って別格扱いしていた。しかし、私にはどうしてもそうは思えなかった。感性だけで儲けているはずなんかない、勝っているには何か理由があるはずだ——。

そしてあるとき、その人がいないあいだに机の近くにいって「何かあるんじゃないか」と探ってみた。なにやら落書きのようなものが書いて

ある紙に埋もれて、鉛筆でいっぱい書き込みがしてある手書きのチャートに目が留まった。そこには、やたらと線が引っ張ってある。簡単にその意図が読めるような代物ではなかったが、じっとそれを見ているうちに気が付いた。「ああ、そうか、彼は"相場の力"を見ているんだ」と。

また、その人は「他人のポジション」を本当によく見ていた。同じ銀行内で調子の悪いディーラーが買うと売る、逆に調子の良さそうな人と同じポジションに乗ってみる。まぁ、柔軟な考え方をもった人であった。経済指標などが出たときにも、「細かいことはいいから、これ買いなの？　売りなの？」としか言わない、いかにも為替ディーラーという典型であった。周りがどう反応するかを知り、後はスピードが勝負！　という姿勢に徹していたのだと思う。

本人に確認していないので想像に過ぎないが、おそらく、ファンダメンタルズから基本的なシナリオをつくって待ちかまえ、周りの人の動きを探り、チャートで相場の力などを確認するという、きわめて正攻法のやり方をしていたのだろう。それが他の人には見えなかったから、天才とか感性といった言葉でごまかしていたのではないかと思う。

私がこの本に書いたことも、基本的にはその人がやっていたことを見て、自分なりに整理し、身に付けたことである。一般の個人投資家の人はこうした"師匠"に出会える機会はほとんどないだろうが、気に入った本などのなかに「自分の師」を見つけてもいいと思う。

第1章

ゲームのルールを知る（vol.1）

——どのように為替相場は動くのか？

Know the rules of the game (vol.1)
——How & why the foreign exchange rate moves.

為替相場という独特の世界

　トレーディングとは、言ってみればひとつの「ゲーム」である。そこで、何でもいいから、自分がよく知っているゲームを想像してみよう。トランプやマージャンなど、いろいろあると思う。次に、そのゲームに勝とうと思ったら何が必要かを考えてみるといい。

　第一にゲームのルールを知ること。ルールを理解したうえで、一緒にゲームをする相手のやり方、性格、そしてその相手と自分の実力の差、自分の得意技、苦手なところなども理解する。それらを把握したうえで、勝つための方法論（自分なりの手法）をつくり上げ、そこで初めてそのゲームで勝てるようになる。

　為替のトレーディングも同じことだ。まず、①トレーディングの基本的なルールを覚えたうえで、②マーケットという相手を知ること。そして、③トレーディングをする自分自身を理解すること。さらに、④トレーディングで勝つための方法論を学んで身につけ、あとは、⑤それを忠実に守ることである。この①～⑤がすべてきちんとできるようになれば、誰でも一流プレイヤーの仲間入りを果たすことができるだろう。

　為替トレードというのは一般にはなじみが薄いせいか、①、②の段階すらわかっていない人がほとんどだ。

　たとえば、相手を知るという意味で「為替は何によって動くか？」

ということを考えてみよう。

書店に並んでいる外国為替トレーディングの入門書などを見ると、為替の変動要因は、「ファンダメンタルズの格差、政治要因、2国間の金利差」などとまことしやかに書かれている。そういわれると、思わず「なるほど」などと頷いてしまいたくなるが、残念ながら、これは正しい答えではない。

序章から読み進んできた方にはわかるかと思うが、為替の変動要因は、突き詰めればたったのひとつだけしかない。それは「お金がどう動くか?」ということに尽きる。別の言葉でいえば、お金の需給バランスである。

では、そのお金はどうやって動くのかといえば、それは人間が動かすのである。つまり、相場というものは人間が経済活動のなかで、いろいろな材料を見ながら、考えて行動した結果としてあるものなのだ。

自動車もガソリンが入っているだけでは動かない。人が運転して初めて動くものである。それと同じことだ。外国為替トレーディングの基本書に書かれている「ファンダメンタルズの格差、政治要因、2国間の金利差」といったものは単なる材料であり、それ自体を一所懸命に分析したところで、あまり意味がない。その材料を、市場参加者がどのように感じ、どう行動するのか。このことを考えるほうがはるかに重要なのである。

昔、私がトレーディングを始めたころ、「有事のドル買い」という言葉を習ったことを覚えている。聞いたことのある方も大勢いるだろう。これは、世界のどこかで戦争などの争いごとが起きるとドルが買

われるという意味だが、争いごとが起きると軍事力の強い国の通貨、すなわちドルが買われて強くなるということである。

おまけにドルは、世界中のいろいろな取引に使われる基軸通貨なので、いちばん安全な通貨だという認識が、すでにでき上がっている。したがって、ドルさえ持っていれば大丈夫という理屈になるのだ。実際、中国で天安門事件が起きたとき、ソ連でクーデターが起きたとき、イラクがクウェートに攻め込んだときなど、必ずといってもいいほどドルが強くなった。

ところが、世界を震撼させたある事件をきっかけに、逆の現象が起きるようになった。恐らく大勢の方の記憶に新しいと思うが、それはアメリカで発生した「9.11同時多発テロ」だ。あの事件が起きたとき、有事のドル買いどころかドルは急落した。まさにそのとき、時代が動き、世の中の常識が一変したのである。

まず、アメリカという国の本土が攻撃されたショック。これは世界中の誰も想像していなかったことだ。そしてもう一つは、攻められた場所が米国の金融の本拠地であるウォールストリートであったこと。たった1日とはいえ、ドルの決済機能が麻痺してしまった。

いちばん安全な国、いちばん安全な通貨という常識が、根底から覆されてしまった瞬間である。

POINT
為替相場には独特のルールやクセがある。ゲームに参加し、そこで勝ち抜きたいならば、まずはそうしたルールやクセを皮膚感覚として身に付けなければならない。

こうなるとマーケットとは不思議なもので、アメリカ以外の国で紛争が起きても、「またこれでテロの可能性が増大し、アメリカの危険度が高くなる」というもっともらしい理屈がまかり通るようになる。その結果、「有事のドル買い」ならぬ、「有事のドル売り」が加速するようになってしまった。

まさに、ある事件が引き金になり、戦争・紛争というひとつの現象から連想されるイメージが一変し、人々が逆に反応するようになってしまった典型例だ。つまり、この瞬間に起きている現象よりも、「それを人がどう捉え、どう感じるか」のほうがより大事だということだ。

余談になるが、よく「満月の日は相場が荒れる」といわれる。私は、これもあながち嘘ではないのではと日ごろから思っている。人間は自然界に生きる動物なので、さまざまな自然現象から影響を受けているはずだからだ。ある研究によると、人間の行動は太陽の黒点の動きに影響を受けるともいわれている。

欧米では満月になるとバンパイア（狼男）になるという話があるが、これは人が満月になると興奮することを比喩した物語なのかもしれない。トレーダーのなかにはアストロロジー（天文学）を研究している人もかなりいる。あるいは、株の世界や為替相場の世界では高島暦などがよく読まれている。「たんなるオカルト」で片付けるのではなく、時間があったら検証してみる価値はありそうだ。

話が飛んでしまったが、いずれにしても、為替相場にはいろいろな独特の「しきたり」がある。まずはそれを知ることから始めなければならないということである。

マーケットのクセを見極める①
——日本の季節要因

　マーケットは人が動かす。したがって、年間を通じた人の移動を把握しておくだけでも、為替相場の動きを捉えるのには役に立つ。たとえば、夏や年末には海外旅行に出かける人が急増するため、円を外貨に替えるという需要が高まって為替相場が動くというようにだ。
　まずは日本人の行動パターンから、為替相場の季節要因を考えてみたい。

　ご存知のとおり、日本にはボーナスシーズンというものがある。一般的には6月と12月だ。この時期、各金融機関は一斉に金融商品のキャンペーンを行なう。その結果、金融商品に資金が集まりやすくなる。最近は外貨預金など、外貨建て金融商品のキャンペーンも積極的に行なわれているので、ドル買い・円売りがまとまって出ることがある。したがって、6月と12月は、ボーナス要因で円安が進みやすいと考えることができる。

　また、海外旅行によって生じる外貨需要も無視できない。日本人はゴールデンウィーク、お盆休み、年末年始に集中して海外旅行に出かける傾向が顕著だ。当然、海外旅行に行くにあたっては、円を外貨に替える必要がある。現金を持っていく場合なら旅行前、カードを使う

のであれば旅行の後に、それぞれ円を売って外貨を買うという動きが活発になる。いずれにしても、旅行のハイシーズンの前後に円売りが発生しやすくなる。

　もちろん、こうした個人の外貨取引は、1件だけを見れば市場全体に占める比率はまったく無視できる。ところが「チリも積もれば山となる」ではないが、こうした個人の外貨取引をすべて合計すると、無視できない金額になる。
　たとえば、ある時期に50万人が海外旅行に出かけたとしよう。仮に1人当たり20万円をドルに替えたとしたら、50万人の合計で1000億円もの円売りが発生することになる。そのときの相場環境によっても影響の度合いが変わってくるが、一般的に1000億円もの円売りが出れば、1円程度、円安を推し進める要因になりうる。

　この手の季節要因は、個人に限った話ではない。たとえば日本の機関投資家や企業といった法人にも、季節に応じた外貨の売り買い需要は存在する。
　日本企業の多くは4月から翌年3月という年度で活動している。つまり3月が本決算であり、その中間の9月に中間決算を行なうという

POINT ……………………………………………………………………
季節によって定型的に変動する外貨の需要と供給の多寡は、相場を直接動かすものではないが、相場の底流をなす方向性として意識する必要がある。

のが一般的だ。そして、諸々の投資活動もこうした決算年度に合わせて行なわれることが多い。

まず、4月あるいは10月は、期の初めということで、新規の投資資金を用いた投資が始まる。こうした投資資金のうちいくらかは海外投資へと向かうので、円売りドル買いが発生する。通常は月の初めにいきなり出るのではなく、2～3週間経ってから本格化することが多い。

逆に、3月あるいは9月は決算期末なので、その期の投資活動によって得た利益を確定させるため、海外に投資している分を一度清算して、国内に戻す動きが出やすくなる。つまりドルを売って円を買う動きが出るので円高要因となる。

では、輸出企業や輸入企業はどうだろうか？

最近の傾向を見ると、全体的に堅実な運用をしており、年間を通じてコンスタントにヘッジを行なうための為替予約をしている。為替予約とは、たとえば保有しているドルを3カ月後に売却する予定がある場合、円高が進むと為替差損を被るリスクがあるため、いまのうちにドルの売りレートを予約しておく取引のことだ。輸出企業などは、海外に製品を輸出し、ドルを受け取ることになるため、ドルの売り予約を活用して為替差損を被るリスクをヘッジするケースが多い。

この手の取引は比較的コンスタントに行なわれているため、あまり季節性は見られない。しかし、ゴールデンウィークや夏休みなど長期休暇の前には、多少まとまった取引を行なうことがある。この時期に相場が大きく動いてしまうと困るからだ。

日本企業は輸出企業のほうが多いので、ネットではドル売り・円買

いのほうがどうしても多くなる。その結果、たとえばゴールデンウィーク前には海外旅行で個人はドルを買うが、一方で輸出企業はドルを売るため、個人のドル買い効果は相殺されることになる。

　ただ、最近は、ドル売り注文を置いたまま休暇を迎える企業が増えているため、長期休暇の前にまとまったドル売りが出ることも少なくなってきたようだ。そして、その分だけ個人のドル買い需要がクローズアップされ、円安ドル高が進みやすい環境が醸成されることになる。

マーケットのクセを見極める②
──海外の季節要因

　次に海外の季節要因について考えてみよう。
　日本と海外を比べる際のポイントは2つある。ひとつは企業の決算時期などの違い、そしてもうひとつは、各国の休日の違いだ。

　日本では3月決算といって、4月から翌年3月までが1年という決算期間を採用している企業が多い。一方、欧米は12月決算が多く、1月から12月までを1年としている。また、最近は11月を決算期としている企業も増えてきた。加えて欧米では、ほとんどの企業が四半期決算を採用している。
　日本は半期決算が多いため、企業が決算に向けて為替取引をするのは多くても年2回だが、欧米では年4回あるところが異なる点だ。
　機関投資家は決算に向かって、ポジションを縮小することが多いため、相場も、決算手前の時期はそれまでの動きと反対の動きをすることがある。
　具体的にいうと、3月、6月、9月、12月のそれぞれ上旬から中旬が、この時期にあたる。とくに年度の最終月である12月がいちばん重要だ。逆に期の初めに相当する1、4、7、10月になると、新しいポジションを積極的につくり始める。日本が正月休みのあいだに海外で大きく相場が動くのはそのためだ。

では、一般企業はどうだろうか。米国では、雇用が政治問題化するぐらい、多くの企業が海外に拠点を移している。いわゆる企業のグローバル化だ。こうした企業は1年の終わりに近づくと、稼いだ利益を本国のアメリカに送金する。つまり、12月になるとアメリカの企業が世界中の国々で稼いだ利益をドルに変えてアメリカに送金するため、ドル買いが多く発生し、ドル高要因となるのだ。

　次に休日をはさんだ為替相場の動きを見てみよう。米国で最も大切な休みは11月後半の感謝祭と、クリスマスだ。日本のお正月に当たるニューイヤーは、元日こそ休日だが、それ以降は通常どおりのウィークデーになるため、あまり重要な意味はない。お正月はあくまでも日本独自の休日と考えたほうがいい。

　感謝祭の直前やクリスマスの直前は、ポジションを縮小する動きがしばしば起きる。とくに12月は、外資系のディーラーなどは長期休暇に入ることが多いため、市場の流動性が薄くなりがちだ。それまでに大きなポジションの整理を済ませておきたいとみなが考えるため、12月の上旬（1～2週目）は注意が必要だ。11月中旬、そして12月初旬がポジション調整の時期と覚えておくといいだろう。

　ちなみに私の経験上、1年のうち12月から翌年2月のあいだに、相場に大きな変化が現れるケースが多いように思う。

POINT

為替相場においては、「世界標準」でイベントを考えておかなければならない。企業の決算時期や休日も、日本とは異なることに注意。

その理由は以下のとおりである。12月初旬にポジション調整が行なわれ、市場が閑散とした状態になる。そのなかで、静かにかつゆっくりとトレンドができ始め、1月に入って市場にビッグプレイヤーが戻ってくると一気にブレイクし、その後1〜2カ月にわたって大相場が続く──という流れになっている。

　その他、欧州では春先にイースター祭で数日間の休みがある。この間、米国市場は開いているが、アメリカ人もあまり取引をしたがらないので、静かな相場展開になるのが普通だ。また、中国系の国では旧正月が非常に重要で、その間はシンガポールや香港の市場が休場になる。そのため、東京時間で市場が静かになる傾向があるということも、頭に入れておくといいだろう。

相場の季節性のまとめ

　ここで年間を通じての相場の季節性をまとめておこう。実際にトレードをする際の参考にしてもらいたい。

【1月】

　欧米企業の決算期初め。欧米の機関投資家は、日本が正月休みに入っているあいだ、大きく相場を動かしにくる。12月後半の流れを受け継ぐことが多い。

【2月】

　イベント的には相場を大きく動かす要因は少ないものの、実際には意外と大きく動くことが多い。1月中旬から後半にかけて、米国大統領の教書が発表されるため、それを受けて2月に動きが本格化するともいえる。

【3月】

　日本企業の決算期。前半は決算期末に向けて、海外投資で得た利益を確定するための外貨売りなど決算対策が行なわれる。また後半になると、期末の決算数字を固めるため、企業の動きが鈍り、相場が閑散になることが多い。ちなみに3月は、欧米企業の四半期末にも相当する。

【4月】

　日本企業の決算期初め。3月31日の午後から4月1日にかけて、相

場が急変動するケースが多い。4月上旬はイースター休暇があるため、動きは穏やかに。そして4月中旬から新規の投資資金が市場に流入してくる。そして後半から日本ではゴールデンウィークが始まり、海外旅行者が円売りを活発化させる時期でもある。

【5月】

初旬は日本のゴールデンウィーク。それが明けると、一部の国内機関投資家が年金など新規投資資金による投資を開始する。

【6月】

欧米企業の四半期決算。若干の調整が起きやすい時期。

【7月】

大きなイベントはない。

【8月】

夏休みシーズン。欧米では1カ月程度の休暇を取る人たちもおり、企業の活動が鈍化する。全体的に比較的閑散な時期である。基本的に6〜8月は、相場の中だるみが起きやすい。ただし数年に1回、ロシア危機などの大きな事件が起きている月でもあり、そういう年は激しく動くので注意が必要。

【9月】

日本企業の中間決算期であると同時に、欧米企業の四半期決算期でもある。中間決算は本決算のミニチュア版と思えばいい。基本的には3月に近い動きを見せる。

【10月】

日本企業の下期スタート。4月とほぼ同じような動きと考えればいい。

【11月】

後半は米国の感謝祭による休暇。休暇前はポジション調整の動きが起こるケースが多い。一部の欧米企業では決算期でもあり、とくに11月中旬は要注意。

【12月】

欧米企業の決算期。前半は決算に向けて、機関投資家のポジション調整が起こる。そのため、それまでの相場の動きとは逆の動きになることが多い。中旬以降は閑散とした状態。外資系金融機関のトレーダーは休暇に入る。また欧米企業の自国内への利益送金が起こるため、どちらかといえば円安になりやすい。クリスマス前後はほとんど動きなし。そして12月28日、29日頃より相場が本格的に動くようになり、年末年始の動きにつながっていく。

為替相場の1日の動きのクセ

　ここまで1年間を通じての大きな流れのなかでの外国為替市場における値動きの底流にある需給やイベントについて考えてきたが、ここではもっと小さい期間単位における値動きに現れやすい特徴を見てみよう。1日のなかで、相場にはどのような値動きのクセがあるのだろうか。

　ご承知のとおり、為替市場は世界中が数珠のようにつながっており、24時間ずっと動いている。そのため、1日を区切るために、ニューヨーク時間の午後5時を1日の終わりとしている。

　1週間で見ると、月曜日にシドニー市場がオープンとなる朝5時から、金曜日のニューヨーク市場がクローズとなる午後5時までだ。東京時間でいうと、夏時間、冬時間で1時間のズレが生じるが、月曜日の朝3時（あるいは4時）くらいから、土曜日の朝7時（あるいは6時）までになる。

　では、1日の動きについての一般的なパターンを、日本時間に合わせて説明していこう。

【明け方】
　シドニー市場の時間帯。この段階ではまだ市場参加者そのものが少ないため、何か特別なことがない限り、相場はあまり大きくは動かな

い。

【早朝】

　朝の8時くらいから東京のディーラーたちが市場に参加し始め、取引が徐々に活発化していく。とくにニューヨーク市場の午後遅く、つまり日本時間の明け方に大きなニュースがあったときなどは、ヘッジファンドの連中がある程度の流動性が確保されるこの時間帯まで待って取引を仕掛けてくるため、非常に大きな動きを見せることがある。

【午前中】

　午前中の山場は、公示レートが発表される9時55分まで。この時点で決められた公示レートでの売り買いが企業からもち込まれるため、ドル買いが多い日はドル高円安に、ドル売りが多い日はドル安円高になりやすい。そして、この時間が経過すると、徐々に相場は落ち着きを取り戻す。

　ちなみに公示レートとは、たとえば個人が銀行を通じて外貨の両替を行なう際に適用される為替レートのこと。ＴＴＳとかＴＴＢといった言葉を聞いたことのある人もいるだろう。このレートは原則として、1日に1回の割合で決められるもので、このレートを用いて輸出や輸入などの決済が行なわれることがある。

【午後】

　ニューヨーク勢も眠りに入り、相場はますます静かになる。ちなみにこの時間は、東京のディーラーにとっては昼食後の睡魔に襲われる時間帯でもある。そして、午後3時前後になると、ヨーロッパ勢が市場に参加し始め、再び取引が活発になっていく。その後、3〜4時間はロンドンの午前中にあたる時間帯でもある。

【夜】

　日本時間の7〜8時前後から1〜2時間は、ロンドン市場も昼時になるため小休止。その後、ニューヨーク市場が開く午後9時（あるいは10時）くらいから取引が本格化していく。そして、夜中の1〜2時くらいまでが最も激しく相場が動く時間帯である。

【深夜】

　日本時間の深夜1〜2時くらいになると、ロンドンのトレーダーたちが1日の仕事を終えてビールを飲みに出かけたりするため、市場は再び落ち着きを取り戻す。その後はニューヨーク時間の午後5時に向けて1日のポジション調整が行なわれ、その影響で多少値動きが見られるが、基本的に取引そのものは閑散になっていく。

　以上が、おおまかな1日の流れになるが、私自身は東京の午前8〜10時、午後3〜7時、午後9〜午前1時の時間帯を集中的に見るようにしていた。これらが最も相場が大きく動く時間帯であり、それだけ儲けるチャンスもあれば、逆に損する恐れもある時間帯だからである。

POINT

為替相場が大きく動きやすい時間は、日本時間の「午前8〜10時、午後3〜7時、午後9〜午前1時」だ。ここは儲けるチャンスでもあり、損失に注意すべき時間帯でもある。

為替市場で起きる「よくあるパターン」

　前述した１日の流れにも関連する話だが、短期間の相場変動のなかでよく見られるパターンをいくつか紹介しておこう。

　まず、政治関連で相場に影響がありそうな材料が出たときだ。
　一般的に日本人は政治ネタに鈍感だといわれる。これについては私も同感だ。逆に、アメリカ人はおおげさな人が多いせいか、政治ネタに対して異常に反応する。そしてヨーロッパ人は、日本人とアメリカ人の中間くらいのイメージだ。
　たとえば、東京時間に日本の政治に関するニュースが出て、それが円安要因となる材料だったとしよう。大きく相場が動くと思いきや、実は日本人は政治に対して関心が薄いため、東京時間では目立った反応が見られない。そこで、あまり相場には関係がなかったのかと諦めると、その日のニューヨーク市場に取引の中心が移ってから、ぐぐっと円安になったりする。
　逆にニューヨーク時間にニュースが出たケースでは、これとはまた違う展開をする。たとえば、円安要因になると思われる政治ネタが出た場合、ニューヨーク市場では直ぐに反応して、円安が進行し、その流れを受けて東京時間を迎えるが、日本人はこれにも反応しない。そのシラけた反応を見てがっかりした米国のヘッジファンドが、失意の

まま円を買い戻すため、円高に振れるというパターンがある。
　ここで得られる教訓は、「それぞれの国民性によって、同じ材料に対する反応が違う」ということだ。

　次も、東京市場と他の市場との動きの違いに起因するケースである。
　最近、東京市場は他の市場に比べて動きが静かだといわれる。ロンドン市場と取引が重なる午後3時くらいからは動きが出てくるが、それ以外は基本的に閑散商状だ。
　たまに東京時間の早朝から相場が大きく動くケースがあったとしても、あまり信用できないケースが多い。たとえば、東京時間の早朝にいきなり円高ドル安が加速したとしても、その後、取引の中心がロンドンやニューヨーク市場に移っていくと反応が鈍く、そればかりか元のレートに戻ってしまうことがよくあるのだ。
　とくに、月曜日の朝にこうした動きが見られた場合は注意が必要である。投機筋が損切りの注文を成立させるために仕掛けている場合が多く見受けられ、その後のロンドンやニューヨーク市場で彼らが反対売買を行ない、相場が元に戻ってしまうケースがあるからだ。
　ここでの教訓は、「東京時間の早朝に相場が大きく動いたときは、

POINT
東京市場と、ロンドン・ニューヨーク市場では動きがまったく異なることが多いので注意したほうがいい。すなわち、ある材料に対する判断は世界を1周してから行ない、世界を2周しても同じ流れが続いていたら、その流れがホンモノである確率がかなり高いといっていい。

あまり信用しないほうがいい」ということだ。

　政治にしても、経済にしても、相場に影響をおよぼしそうな材料が出たときは、その材料が相場にどう影響するのかを見極めるためにも、その瞬間の動きで判断してはいけない。少なくともその材料が出てから、世界中を1周してくるまでは、本当の判断はできない。さらにその材料が出てから、世界を2周するまで同じ流れが続いていたら、その流れは本物である確率がかなり高いと考えていいだろう。

　為替相場においては、ある材料に対する判断は、世界を1周してから初めて行なうことができると心得ておいたほうがいいだろう。

第2章

ゲームのルールを知る (vol.2)

――相場はこうしてつくられる

Know the rules of the game (vol.2)
―― How the market price is made
in various currency pairs and liquidity conditions.

実需（貿易取引）

　外国為替市場には、それこそいろいろな人たちが、それぞれの目的のもとで、取引に参加している。日本から海外に投資する、あるいは海外から日本に投資するという流れのなかで発生する為替取引もあるし、日本から米国に輸出した自動車の輸出代金を円に替える、あるいは中東から原油を輸入するのに必要な代金をドルに替えるという流れのなかで発生する為替取引もある。

　前者は投機あるいは資本取引であり、後者は実需あるいは貿易取引などともいわれる。そして、実際に外国為替市場における取引では、圧倒的に前者の占める比率が高い。外国為替市場の1日当たりの取引金額が約2兆ドル。このうち貿易取引に関わる部分は、1割か2割程度のものなのだ。それ以外はすべて、資本取引に関わるものになってくる。

　したがって、相場に短期的なインパクトを与えるのは、何といっても資本取引に関わる為替取引である。資本取引については、後ほど詳しく説明することにして、ここではもう少し貿易取引についてみていきたい。

　貿易取引の場合、毎年、毎年の輸出量、輸入量そのものが大きくブレることがないため、それにともなって生じる為替取引自体も、比較

的安定している。たとえば、原油の輸入量が昨年比で3倍に伸びたり、自動車の輸出台数がいきなり半分に減ったりなどということは、まずありえないのだから、貿易取引に関わる部分の為替取引については、ほぼ「読める」のである。

たとえば、トヨタ自動車が米国市場に自動車を輸出したとしよう。この貿易取引によって、トヨタ自動車はドルで代金を受け取るが、当然、日本国内で働いている従業員や、下請け企業などへの支払いをするためには、円が必要になってくる。したがって、トヨタ自動車は輸出によって得たドルを円に交換する。ドルを売って円を買うのだから、円高要因だ。

また、これとは逆に、日本が海外から原油などを輸入するに際しては、円をドルなどの外貨に替えて原油の買い付けを行なう。そこで円売りドル買いが行なわれるから、これは円安要因だ。

ただ、前述したように、この手の貿易取引は多少の方向感をもちながらも、そうそう大きくはブレたりしない。日本の経常収支で言えば、だいたい毎年13兆円前後の経常収支の黒字があり、その年によって1兆円か2兆円程度のブレがあるというイメージだ。

この部分は大きく変動することがなく、今年も、来年も引き続いて経常収支の黒字が出てくる。ということは、短期的に相場を大きく動かすだけの材料にはならないということだ。

ただ、逆の見方をすると、こと経常収支の黒字部分だけを見ている限りにおいては、日本という国は常に円高リスクをもっている国ということになる。毎年、毎年、13兆円ものドルが売られるのと同時に、円が買われているのだから、短期的には相場を大きく動かす要因には

ならないものの、長い目で見れば、ボディブローのように効いてくると考えられる。

ところで、ここでおかしなことに気付かないだろうか。貿易取引の額は毎年それほど大きく変わるものではないにもかかわらず、時々、外国為替市場において日本の貿易黒字が円高要因として突如、クローズアップされることがある。これはなぜなのか。

貿易取引と資本取引が、為替レートに大きな影響をおよぼすと説明したが、この両者のバランスによって、貿易収支が材料として注目を集めるときと、そうではなく忘れ去られているときとがあるのだ。

たとえばバブル期のように、投資が非常に盛り上がっているときは、資本取引の金額が一気に膨れ上がっていく。そのため、相対的に貿易取引の占める比率が小さくなるため、日本の貿易黒字のことなど、市場参加者は誰も気にしなくなる。

ところが、金融不安やテロなどの突発的な事件、事故などが生じ、それが引き金になってリスクを嫌気するムードが高まると、それまで盛り上がっていた投資の意欲が減退する。当然、資本収支の金額が大

POINT

実需（貿易取引）からみると、輸出大国である日本は常に「円高」になりやすい資質をもっている。ただし、貿易取引が材料としてクローズアップされるのは資本取引（投資と投機）が閑散なときだけであり、材料の主役はあくまで資本取引である。

きく縮小するため、今度は相対的に貿易取引の占める比率が高まっていく。こういう状況のときに、外国為替市場では日本の貿易収支などが材料としてクローズアップされてくるのだ。

つまり、貿易収支が市場で話題になったり、ならなかったりするのは、別段、貿易収支の黒字額が大きく伸びたり縮小したりした結果ではない。主役はあくまでも資本取引なのである。

投資するための材料がたくさんあるなかで資本取引が大きく伸びれば、相対的に貿易収支に対する関心が薄れ、逆に投資するための材料がないときには、市場参加者が何か相場を大きく動かすための材料をやっきになって探すため、たまたま相対的に大きく見える貿易収支が注目されるだけの話なのである。

もちろん、長い目で見れば、貿易収支の黒字が為替相場に影響をおよぼすこともあるだろう。しかし、そんなに長い目で為替相場を見ている市場参加者など、ほとんどいない。やはり、大半の市場参加者は、目先2～3カ月先の相場がどうなるのかということを念頭に置いて、取引に参加している。そのためには、資本の動きがどうなるのかということが、まず注目される材料なのである。

投資と投機（資本取引）

　前述したように、外国為替市場でお金の動く要因としては、貿易取引による部分と、資本取引による部分とがあるが、なかでも重要なのは、やはり資本取引にともなう資金移動だ。つまり、投資や投機に伴って起きるお金の移動である。

　ところで、投資と投機にはどのような違いがあるのかご存知だろうか。往々にして、この両者については明確な違いが見いだせず、ごちゃ混ぜになって理解されているケースが多いが、私自身のなかでは、明らかな違いがある。

　投資とは長期的な視野に立って、元本を何かの商品で運用することだ。したがって、運用金額は元本の範囲内で納められる。そして、投資を行なうに際しては、経済動向やファンダメンタルズ分析が重要になる。

　これに対して投機は、短期的な価格の変動を狙うもので、レバレッジをきかせて元本の何倍もの資金を動かすこともある。ちなみにレバレッジとは、自己資金を担保として、その資金の何倍もの金額を取引することである。

　この投資や投機を含む資本取引が、外国為替を大きく動かす最大要因になる。人の欲望や思惑が最も反映される取引であり、しかも為替

取引の大半を占めるので、為替相場を考えるうえで欠かせない大切なファクターであるといってもいい。この資本取引のなかにもいろいろな種類があるが、大きく分けると直接投資と間接投資の２つになる。

　直接投資とは、企業買収や不動産の購入をはじめとして、直接、物を売買することに関わる取引である。たとえば、いま話題のハゲタカファンドが日本の企業を買う場合、手持ちのドルを円に替えて、日本の売り主に支払いをする。そのため、外資系ファンドによる日本企業の買収が活発になるほど、外国為替市場では円買いが増えるために円高が進みやすくなる。何となくイメージが湧いてくるだろうか。もし、日本のちょっとしたお金持ちがオーストラリアに別荘などを購入すると、手持ちの円を豪ドルに替えて代金を支払うため、円安に一役買うことになる。これらが直接投資と呼ばれるものだ。

　一方、間接投資とはどういうものか。これは基本的に金融商品への投資と考えていいだろう。外貨による預金もそうだし、海外の株や債券を売買するのも、間接投資に含まれる。
　ちなみに、株式や債券などの有価証券を売買することを、証券投資という。日本の投資家が海外市場の有価証券投資を行なう場合を「対外証券投資」、逆に外国人投資家が日本の株式や債券を売買することを「対内証券投資」という。対外証券投資と対内証券投資については、それぞれの金額が公表されている。対外証券投資の金額が対内証券投資のそれを上回っている場合は、円を売って外貨を買う動きのほうが大きくなるために円安要因、対内証券投資の金額が対外証券投資のそ

れを上回っている場合は、逆に外貨を売って円を買う動きのほうが大きくなるため円高要因になる。

　個人投資家、機関投資家、ヘッジファンドなどが繰り広げる投資や投機の多くは、株式や債券をはじめとする金融商品の売買を通じて行なわれる。ただ、こうした投資行動も、現地通貨の借入れによって行なわれたり、あるいは為替リスクを100％ヘッジして投資したりするケースもあるので、数字をそのまま鵜呑みにしてはいけない。

　また当局による為替介入も、資本取引のひとつといえる。日本の財務省を例にあげると、たとえばドル買い介入した場合、大抵、買ったドルは銀行に預金として預けられるか、あるいはアメリカの債券を購入し、それらが外貨準備としてストックされている。そして、逆に円安を食い止めるためにドル売り介入を行なう場合は、その外貨準備の一部を取り崩すことによって、外国為替市場で売るための外貨を確保するという流れになっている。

POINT

資本取引（投資と投機）こそが、相場を動かす要因である。なぜなら、それは人々の欲望や思惑を最も強く反映した取引であり、しかも外国為替市場の取引金額の8割以上を占めるものだからだ。

直接投資がインパクトを与えるとき

　資本取引のなかでも直接投資は、ある意味で貿易取引に近い性格をもっている。というのも、工場を設立するための投資、国境を越えた企業買収のための投資などは、基本的に長期的な視野に立っての投資になるため、短期的に相場を大きく動かす要因にはならないからだ。

　これに対して間接投資は、たとえば3カ月とか1年というように、比較的短期間の投資になることが多く、買ったものについては、近い将来に売りとなって市場に出てくる。そのため、最終的には元に戻る形になるものの、一時的に相場を大きく動かす要因になる。

　とはいえ、直接投資も時には、相場を大きく動かす要因になることがある。一時的に大きな金額で企業買収が行なわれる場合などがそれだ。一種のファッションのようなものだが、一定の期間に大勢の投資家がこの手の動きをすると、マーケットには大きなインパクトを与えることになる。

　私が経験したなかでも、典型的なケースが二度あった。

　ひとつは1999年にユーロという通貨が誕生したときだ。統一通貨という歴史的な出来事で市場は盛り上がり、日本の機関投資家もユーロが流通する前から、ドイツマルクやECU（ユーロの前身）などに積極的な投資を行なった。歴史的通貨の誕生で、ユーロは必ず上昇すると

いう期待が市場を包み込んでいたのだ。

ところが、そんな期待もむなしくユーロは下落し続けた。私自身もいつか上がるだろうと「買っては投げ、買っては投げ」を繰り返したものの、相場はズルズルと下げるだけ。何でこんなに下がっていくのだろうと訳がわからず悩んだものだが、途中でふとその原因に気が付いた。当時、欧州は比較的景気が良く、カネ余りの状態にあったのだ。こうしたなかで、欧州企業によるアメリカ企業の買収ブームが起こり、ホットマネーが欧州から米国に大量に流れていたのである。もちろん他にもユーロ安の原因はあったのだろうが、このうねりがユーロ下落の大きな原因だった。

結局、ユーロは2年間で40%近く下落。欧州の景気は堅調だったにもかかわらず、その通貨は売られるというねじれ現象が起きたわけだ。

これと似たようなケースが、1980年代後半から起きた日本のバブルだ。当時、日本では「投資をしないものは人にあらず」ではないが、上げ相場に乗り遅れるなとばかりに、多くの人たちが日本株を買い、不動産を買い、挙句にゴルフ会員権、絵画など買える物はなんでも買うというものすごい投資ブームが起こった。その後、国内だけでは飽

POINT
資本取引のなかでも、為替相場に影響をおよぼすものとして注目すべきは間接投資（金融商品への投資）である。ただし、バブル期に日本で起こった海外投資ブームなど、直接投資（不動産への投資や企業買収など）が為替相場に大きな流れをつくるときもある。

き足らず、海外の株式、債券はもとより、不動産、企業などありとあらゆるものにジャパンマネーが襲い掛かったのだ。かの有名なロックフェラーセンターまで買ってしまい、このままでは日本人がアメリカを全部買ってしまうのではないかというバッシングを受けたのは、ちょうどこの頃である。カネに目がくらんだ日本人の欲望によって、ジャパンマネーが海外へと流れ込み、1990年の春にはプラザ合意以降の最安値である1ドル＝160円をつけるまでになった。

　このときもユーロと同じように、日本の景気が絶好調になるほど円安が進むというねじれ現象が起きた。ちなみにバブルがはじけ、景気が後退すると一転して円高が進み、1995年には1ドル＝79円75銭をつけることになった。景気が悪いのに円高になるという、これまた典型的なねじれ現象である。

　ところで、直接投資が瞬間的に相場に影響をおよぼすケースがあるのは事実だが、実際にそれを材料に為替を売買するに際しては、ひとつだけ頭に入れておかなければならないことがある。

　企業を買収する際は、それに必要な資金を確保しなければならないが、その基本的なパターンは3つある。

　ひとつは手持ち資金を外貨に換えて資金にするパターン。これがもっとも単純なケースで、実際に為替取引が行なわれるので、多少なりとも相場に影響をおよぼす。

　それ以外の方法としては、現地で資金を調達するパターンと、株式交換を用いて企業買収を行なうパターンがある。前者は、たとえば日本の企業が米国の企業を買収するとき、米国でドル建ての社債を発行

して、買収に必要なドル資金を集めるという方法だ。これに対して後者は、増資によって自社の株式を発行し、その株式を買収のターゲットである企業に渡すという方法である。

この両ケースでは、為替取引が発生しない。実際のところは、3つの方法を組み合わせて企業買収を仕掛けるケースが多いため、直接投資が活発化したからといって、実際にどの程度、為替相場に影響をおよぼすのかは、なかなか見えてこない。

そのため、大型買収案件の噂に乗じて相場を仕掛けようとする連中が動いたため、一時的に為替相場が動いても、その後、現地で買収資金を調達したり、あるいは株式交換を用いたりするなど為替取引が発生しない買収だということがわかると、外国為替市場には失望が漂い、一気に相場が反落するケースがある。

このようなときに、何も考えずに最初の動きについていってしまい、結果的に相場の反落でやられてしまうというケースも珍しくはない。この手のニュースである程度の利益を稼ぐためには、通称「瞬間芸トレード」と私が呼んでいる、ポジションを取ったらすぐに利食うという短期のトレードでしか勝つことはできない。これは玄人芸であり、一般の個人投資家にはむずかしい技なので、真似をしないのが賢明だ。基本的に、買収絡みの情報が入ってきにくい個人投資家は、買収関係の材料については極力無視したほうがいいだろう。

買収が一大ブームとなっているときのような大きな世の中のうねりだけは注意を払っておきたいが、基本的にこの手の動きは10年に1回くらいの頻度でしか起こらないので、忘れていても、それほど大きな影響がおよぶことはないはずだ。

相場形成の基本パターン①
──短期の間接投資の影響は3段階で動く

　さて、ここからはいよいよ為替取引の主役登場だ。最も投機マネーが飛び交う間接投資の影響について見ていきたいと思う。

　まず、投資家あるいは投機家というものは、ありとあらゆる世界中の市場をいつもウォッチしており、どこに投資したらいちばん儲かるのかと、虎視眈々と狙っていると知っておいたほうが良い。

　一言で投資家といっても、機関投資家と個人投資家に二分される。このうち個人投資家とは、自分のお金の運用を人に任せずに、あくまでも自分で運用する人のことだ。一方、機関投資家とは人のお金を預かって運用するプロ集団である。

　では、それぞれの登場人物がどのような流れでマーケットに参加し、それが相場を動かすのかを考えてみよう。

　マーケットでは、麻雀などの対人ゲームとは違い、大勢の参加者が集まっているので、その人たちの動きにはかなりの程度、群集心理が作用する。そういうものだということを、まず理解しておくといいだろう。

　以下、きわめて単純化されたものではあるが、相場形成の基本パターンは、次のような流れになる。

■第一段階（黎明期）

　まず、本当に一部のプロの投資家が、一部の秘密情報や独自の分析などに基づいてポジションを仕込む。この時点では、仕込んだ方向に相場が大きく動くことはなく、むしろ静かな展開になる。

■第二段階（本格期）

　徐々にではあるが、マーケットでこれから起ころうとしている現象に、プロの機関投資家や一部の個人投資家が気付くようになり、実際に投資行動を取り始める。この時期になると、相場が本格的に動き始めてトレンドが形成されていく。

■第三段階（終焉期）

　大衆つまり多くの個人投資家や出遅れた機関投資家が動きだす。この時点で、第一段階ですでにポジションをつくったプロは、逆に利益を確定させる動きを見せ始める。その結果、売りと買いがぶつかり合うため、最初は高値あるいは安値圏で激しい乱高下を繰り返す。

　その後、第二段階から参加していた投資家が利益確定のための手仕舞いを開始。この時点でトレンドは完全に崩れ、相場は本格的に反転していく。

　この動きにとり残された大衆は、反転のスピードの速さを呆然と見つめるだけで固まってしまう。ようやく現実を受け入れて損切りを始めると、反転も終了。まさに「兵どもが夢の跡」だ。

　どうしてこのような現象が起きるのかというと、「乗り遅れてはい

けない」という群集心理が働くからだ。

「お隣の〇〇さん、ドルを買って、数百万も儲かったんだって」といった話を耳にしたとしよう。気になってチャートなどを見てみると、たしかに上がり続けている。「みんなこんなに上がっているものを買っていたのか。俺も乗り遅れちゃ損をするな。しかも、チャートを見るとまだまだ上がるように見える。いや、まだまだ上がるに違いない。ひょっとしたら青天井かもしれないぞ」などと考えるようになる。

そう思うと、いてもたってもいられず、不幸にして反対方向に相場が動いて損失が生じた場合、どのくらいの損失額で手仕舞うかもろくに考えず、鉄火場のようになった市場に飛び込んでしまう。逆に気の利いた人達はしめしめとばかりに、利益を確定して売り抜けていく。

ここからがさらにややこしい。たとえば第一段階でドルを買った人たちは、第三段階に入ってドルを売ろうと思ったとき、大衆が買いに向かっていくので、簡単に理想的なレートで取引を手仕舞うことができる。

ところが、第三段階で入った人はそう簡単に利益を確定させることができない。第三段階の初期は乱高下するので、少し反対方向に動いても、再び元の値段に戻ってくる。そのためほっとして様子を見る。ところが、その後で市場が本格的に反転し始めると、今度は流動性がなくなって、豪雨の後の川のように動きが加速していく。つまり、売ろうにも売り手ばかりになってしまい、どんどん相場が下落してしまうのだ。

こうなると、やめようと思ってもなかなかプライスに追いつけない。

プライスが出たとしても、あまりにも悪いレートに「そんなレートで売れるか」と固まってしまい、さらに負けが込んでしまうというパターンを繰り返す。まさに悪循環だ。とにかく「相場は流動性の高いときに止める」のが鉄則である。

人は、ある現象が本格的に顕在化しない限り、なかなか行動を起こそうとはしない。逆に、近所の人が大儲けをしたといったような、具体的な例を見せられたときや、視覚に訴えるようなものがあって初めて行動を起こす傾向が強く、そこを本当のプロに利用されてしまうわけだ。

たとえば新聞報道がいい例だ。経済新聞などの経済面は、いま起きている現象を伝える記事が多い。つまり、もう起きてしまったことを報道しているに過ぎない。記事中にある専門家のコメントも、「まだまだ行く」と言ったほうが受けがいいので、どうしてもコメントの内容にバイアスが働きがちになる。

したがって、新聞で大きく取り上げられたときは要注意だ。すでにもう流れが8合目以上まできていると考えていいだろう。個人的には、こういったシグナルを注意して見るようにしている。

POINT

トレンドには、①黎明期、②本格期、③終焉期の3つのステージがある。新聞などで大きく話題となるときは、すでに終焉期であることが大半であり、また、この時期には乱高下のあと急反転に向かうことも多いので、細心の注意をもって相場に向かう必要がある。

相場形成の基本パターン②
——中長期のトレンドは米国の為替政策を見よ！

　さて、相場に参加している投機家の代表といえば、ヘッジファンドの連中がまず思い浮かぶだろう。彼らは自己資金だけでなく、外部からの借入れを利用して投資金額を大きくし、レバレッジをかけて世界中の儲かりそうなマーケットに投資する。したがって、彼らの動きがマーケットを大きく動かすことも少なくない。

　ヘッジファンドは投資家から集めた資金を運用している。当然、運用実績が上がらなければ、ファンドそのものが解散に追い込まれてしまう。そして運用実績を上げるためには、とりもなおさずマーケットに動いてもらわなければならない。そのため、時折り彼らは、マーケットを動かそうとして相場を仕掛けることがある。

　また、その他の投資家も、ヘッジファンドの動きを注視しているため、彼らが動くとなれば、それに追随して同じポジションを持とうとする。その結果、マーケットの動きが一段と加速していく。

　たとえば、2004年に行なわれた米大統領選挙の前後に、外国為替市場では双子の赤字がテーマとして突如、浮上したことがあった。その結果、多少なりともドル安が進んだが、それはタイミング良く大統領選挙があったために、ヘッジファンドとしても双子の赤字で相場を仕掛けやすかったという裏事情があったからだ。

ところが、2005年2月にブッシュ大統領が議会に提出した予算教書で、「このまま双子の赤字が膨らむと4〜5年で米国が破裂する」というコメントを出した。つまり、米国が双子の赤字を放置するはずはなく、何かしらの形で解消させる方向に動くという思惑が働き、それまでのドル安を支えてきたテーマである双子の赤字については、もう誰もマーケットで振り向く人がいなくなってしまった。

そして、次に浮上したテーマが米国の日欧との金利差である。2005年3月22日のFMOC（米公開市場委員会）が都合6回目の利上げを実施したことから、これを材料に相場を煽ろうという動きが、一部の投機筋のあいだで広まった。米国の金利が上昇して相対的に金利水準が高まったものだから、それを材料にドル買いを煽ったのだ。

結果的には、これも短命に終わった。過去においても、金利差がマーケットのテーマとして浮上したことはあったが、かなりの確率で短命で終わっている。つまり、投機筋が相場を仕掛ける材料として、金利差は大きなトレンドをつくるには本来は力不足なのである。

では、いちばん高いプライオリティをもっているテーマは何なのか。それはやはり「米国の為替政策」だ。何だかんだと言っても、世界

POINT

外為市場で最も多く取引されているのは米ドルである。したがって、市場参加者の誰もが米ドルに直接的な影響をおよぼす「米国の為替政策」に注目している。この材料に大きな動きがあるときは、他の材料はほとんど意味をもたない。

の為替市場における基軸通貨は米ドルである。原油の取引もドル建てだし、ゴールドもドル建てで表示されている。それだけドルは、世界中で高い信頼性を得ている。したがって、外国為替市場の取引に参加している投資家は、多くがドルの動向、それを左右する米国の為替政策の行方に注目している。

さて、過去において米国の為替政策が、ドル相場に大きな影響をおよぼしたことが幾度となくあった。

まずは1978年のカーターショックである。当時の米国は貿易収支の大幅な赤字が進行し、それに加えてインフレ率の上昇も大きかったため、1米ドル＝230円台から175円台にまで急落していた。それに対応するため、カーター大統領が為替介入策、金利引上げ策を盛り込んだドル防衛策を発表。これを受けて米ドルは暴騰し、それ以後、大きな上昇トレンドに入ったのである。

いちばん派手に動いたのは、レーガンが大統領となった1980年からの動きだった。レーガンは「強いアメリカ」を標榜して登場した大統領だが、当然、強い国の通貨も強くなるべきという信念があり、強いドル政策を講じた。結果は、海外諸国から米国に投資資金が集まり、どんどんドル高が進んでいった。

しかし、通貨高にはメリットとデメリットの両面がある。メリットとしては、ドルの購買力が高まることと、インフレを抑制できることだが、一方、米国の輸出型企業にとっては、ドル高によってネガティブな問題点が浮上してきてしまった。つまり、米国で産業の空洞化が

進んでしまったのである。

　産業がどんどん米国から海外へと出てしまったら、当然のことながら米国内の雇用が冷え込んでしまう。「これではたまらん」とばかりにレーガン大統領が打ち出したのが、1985年9月のプラザ合意である。ドル高を食い止めるために行なわれたプラザ合意だが、その効果はきわめて高く、大幅に円高ドル安が進んだ。

　実は当初、1ドル＝180円程度まで円高が進んだところで止めるつもりだったといわれている。ところがマーケットは、一度勢いがつくと行き過ぎてしまうことがままある。この場合も結局、1ドル＝120円近辺まで円高ドル安が進んでしまった。

　第一期と第二期とで、為替政策が大きく変わったのが、クリントン前大統領のときだ。クリントン大統領の第一期においては、日米貿易摩擦が盛り上がったことを覚えている人もいるだろう。たしかに当時は日本の貿易黒字がクローズアップされ、貿易不均衡は通貨の強さによって是正されるとの学説、主張が注目された。しかも、当時の米国は日本に対し、「規制緩和によって内需拡大を行なわなければ、円高を進めるぞ」というオドシをかけてきた。その結果、1995年4月に1ドル＝79円台まで円高ドル安が進んだ。

　その後、クリントン政権は第二期に入ったが、そのとき、財務長官に就任したのがロバート・ルービン氏である。米国では、財務長官に為替政策が委ねられているため、どういう人が財務長官に就任するかによって、為替政策にもいろいろと特色が出てくる。ちなみにルービン氏はウォールストリート出身だ。そのため、彼が取った為替政策は、

「強いドル政策」だった。ドルが強くなれば、ウォールストリートにお金が集まる。その結果、金利が低下して株価が上昇するため、最終的には景気の好転につながるという考え方だ。実際、この為替政策のもと、ドル高が大きく進んだ。1998年、1ドル＝147円台まで円安ドル高が進んだことは、記憶に新しい。

ちなみに、クリントン政権の第一期で財務長官を務めたベンツェン氏は、産業界の出身だったため、ルービン氏とは逆にドルを安くすることによって、米国の産業界にプラスになるような為替政策が取られた。それが1995年にかけての円高へとつながったのだ。

過去のドル相場を見ると、幾度となく大相場を演じていることに気付くだろう。このように、大きな相場が生まれたときは、大体において「米国の為替政策」に大きな変化が現れたときである。このような流れに入ったときは、他にどのような材料をいじろうとも、アメリカがドル高といえば、これはもうどんどんドル高が進んでしまうのである。したがって、何はともあれ、まずは米国の為替政策ありきなのだと覚えておいて損はない。

相場形成の基本パターン③
──材料がなくなると浮上する「金利差」

　もちろん、米国の為替政策の大きな転換などというのは、そう頻繁に起こるものではない。したがって、為替政策がネタにならない場合は、次に何をネタにしようかという話になる。

　そこで浮上してくるのが「米国の景気動向」だ。株価動向や景気全般の方向性を見て、株価が活況であればどんどんドルを買えということになる。ただ、株価もある程度のところまで上昇すれば、そこでもみ合い状態になり、景気指標もプラス、マイナスがいりまじるようになってくる。

　こうして、米国の景気そのものがネタにならなくなると、次は他の国に目が行くようになる。つまり、米国以外の国々における為替政策はどうなのかということだ。

　具体的には、「日本と欧州の為替政策」ということになるが、この両者の為替政策には大きな違いがある。

　日本の場合、輸出主導国ということもあり、ともかく自国産業を守る必要があることから円高が進むことを極端に嫌がる。ところが欧州の場合、ドイツやフランスのような輸出国があるにもかかわらず、どちらかといえば自国通貨安を嫌がる。日本とはまったく正反対なのだ。これは、かつてドイツがハイパーインフレに悩まされた経験があるた

め、インフレを抑制する効果のある自国通貨高を好むということが考えられる。実際、欧州の中央銀行の政策を見ていると、何をおいても重要なのはインフレを止めることだという使命感が、ひしひしと感じられる。

　これが日本と欧州の為替政策に対する基本スタンスだ。米国以外の国々の為替政策をチェックし、いまの為替相場がそれぞれの国にとってどう受け止められるのかを見ていくのである。

　さて、米国以外の国々の為替政策にも大した材料がないとなると、今度は「特殊要因」に注目が集まる。たとえば原油高やテロなどのキワモノがこれに相当する。日ごろはそれほど注目されない材料ではあるが、これらの現象が世界経済や米国経済に大きな影響をおよぼすということになると、プライオリティが一気に上がってくる。たとえば2004年後半から2005年にかけては、原油高が為替相場に大きな影響をおよぼした。

　そして、こうした特殊要因もそろそろネタとして使い古したということになると、いちばん最後に登場するのが、「金利差」なのである。このロジックは、お金はやはり金利の高いところに流れていくだろうというものだ。

　優先順位が低いことには理由がある。それは、金利が高いところにお金が流れるというロジックには、大した根拠はないからだ。たしかに、預金ベースで考えれば、少しでも金利の高いものに預けたほうが有利だが、為替相場に影響をおよぼす投機資金は、預金で運用されて

いるわけではない。株式や債券が大半である。

ところが、株式にとって金利上昇は、基本的にネガティブな要因になる。金利上昇は景気の抑制につながるため、株価にとっては下落要因にほかならないからだ。

債券の場合はやや話が複雑になる。金利上昇がネガティブなこともあれば、ポジティブなこともある。

たとえば、これからインフレ懸念が浮上するという局面での金利上昇は、債券相場にとってネガティブ要因になる。どんどん長期金利が上昇するため、債券価格は下落の一途をたどるからだ。このような局面では、金利上昇を材料にその通貨を買うことはおかしな話である。

ただ、長期金利がある程度の水準にまで上昇しており、それでもインフレが進むために短期金利を引き上げていくという局面では、むしろインフレ抑制期待から長期金利の上昇に歯止めがかかり、債券投資を行なうには絶好のタイミングになる。

つまり、日米金利差が拡大するから、単純に金利水準が相対的に高いドルが買いだというロジックには、決定的な欠陥がある。ただ、誰が聞いてもわかりやすいということから、金利差の拡大をはやして、ドル買いの材料にすることがままあるのだ。

POINT

「米国の為替政策」に動きがないときに初めて、他の要因に注目が集まる。その優先順位は、①米国の景気動向、②日本と欧州の為替政策、③原油高やテロなどの特殊要因、④金利差の順番である。

「為替介入」という変動要因

　中央銀行の役割のひとつは、通貨を安定させることだ。為替相場があまりにも大きく変動して、実体経済に悪い影響をおよぼすと考えられるとき、中央銀行は為替市場で介入を実施して、市場を安定させようとする。

　ここまでは教科書によく書いてあることだが、実際、どのように為替介入が行なわれているのかを説明しておこう。

　為替介入の権限は、日本ではほぼ財務省がもっている。形式上、中央銀行である日本銀行にも一応の権限はあるが、実際は財務省がすべてを決めているといっても過言ではないだろう。
　新聞などを見ると、「日銀が介入を実施」といった表現がある。これは、実は誤解を招きやすい表現といってもいいだろう。たしかに、実際に介入を執行しているのは日銀だが、それを指示しているのはあくまでも財務省なのである。
　ちなみに米国も、日本と同様に財務省が介入の方針を決めて、FRBが執行を担当している。またユーロ圏は日米と違って、ECB（欧州中央銀行）が決定権を握っている。欧州はユーロという共通の通貨を使っているが、それぞれの国ごとに財務省があるため、それらの意見を集約するのが困難という理由から、共通の中央銀行であるECB

が管轄しているのである。

ところで、こうした介入についてウォッチしていると、日米欧で介入のスタンスが異なることに気付く。

米国は基本的に、相場のことは市場に任せるというスタンスを貫いているため、あまり介入をやりたがらない。したがって米国が介入に動いたときは、マーケットでよほどのことが起こっていると考えてもいいくらいである。

またユーロ圏も、ECBが介入に対して消極的なので、ほとんど介入は行なわない。ところが、米国や欧州勢が介入に消極的であるのに対し、日本は頻繁に介入を行なっている。変動相場制を採用している主要国で、これほど介入好きな国はないといってもいいくらいだ。日本は貿易立国であり、為替相場が経済に与える影響が他の国より大きいので、相場を安定させるために介入をやらざるを得ないという事情があるのだろう。

日本では、財務省のトップである財務大臣が介入を実施するかどうかを決めるが、実際は財務省のお役人が決めているといっていい。役人のトップである財務官とその下の人たちだ。財務省は基本的にドル円の動向に注目しているので、介入もほとんどがドル円で行なわれる。ただ、最近はユーロ円で介入を行なうケースも見られるようになって

> **POINT**
>
> 過去20年程度の為替介入の事例をみると、日本の財務省は1ドル＝120円を基準と捉え、そこからある程度の幅のなかで相場を安定させようとしているように見える。

きた。これはユーロ円の動きが、ドル円相場に大きく影響をおよぼしていると考えられるときに実施されているようだ。

　過去20年程度の介入状況をウォッチしていくと、ほとんどが１ドル＝120円を中心にして、それより円安の水準では円買い介入、それより円高の水準では円売り介入が行なわれている。こうした結果から推測すると、財務省は１ドル＝120円を基準と捉え、そこからある程度の幅のなかで相場を安定させようとしてきたということになる。小さく見れば１ドル＝110〜130円、大きく見ても１ドル＝100〜140円というのが、大まかなターゲットゾーンではないかと思われる。

　過去における円の最安値と最高値をみると、それぞれ１ドル＝約80円と約160円で、１ドル＝120円をはさんで上下に40円になる。ここ数年に限ってみると、ほぼ100〜140円の幅に収まっている。また全体的に見ても、面白いように120円を中心に上下している。

　これは、決して偶然ではなく、財務省がこの幅のなかで為替相場を安定させようとしてきた結果ではないかと思われる。その意味では、ドル円相場はある程度、管理相場に近い性格をもっているのではないだろうか。

　とくにここ１〜２年の介入状況を見ると、１ドル＝110円のレベルを超えて円高に向かおうとする手前から、円売り介入が活発に行なわれてきた。また、１ドル＝110円を突破してさらに円高へ向かうと、介入が一段と激しくなった。ここからも、１ドル＝110〜130円、または１ドル＝100〜140円を財務省が意識しているのはないかと推測できるのである。

「自国通貨安」への介入には限界がある

　為替介入がどのようなプロセスで行なわれるのか、日本のケースで見てみよう。

　財務省・日銀が介入を実施する際は「外為特別会計」という勘定を使う。この特別会計で政府保証債（通称ＦＢ）を発行し、それを実質、日本銀行が引き受ける形になる。もっと簡単に説明すると、日本銀行がお金を刷って、そのお金で政府から政府保証債を購入する。そして政府は、政府保証債の発行と引き換えに、日銀から受け取ったお金を使って介入を行なうという仕組みだ。

　毎年、国会でＦＢの発行限度枠が決められるので、理論的に介入金額には限度がある。しかし実際のところ、発行限度額をオーバーしそうになったときは、補正予算などで増枠することが可能だ。そのため、上限があるとはいえ、実際にはそれで介入ができなくなるなどの心配は必要ない。

　日本の場合、介入には円買い介入と円売り介入がある。円高のときには円売り介入、円安のときには円買い介入が実施される。

　円売り介入の場合は、各銀行を通じて円を市場で売ってドルやユーロを買う。まず政府保証債を発行して円を調達し、それを市場で売って外貨を購入する。自分の国でお金を刷り、それを売って外貨を買う

のだから、ある意味、青天井にやれるわけだ。買ったドルやユーロはそのまま、外貨準備という形で残され、銀行に預金したり、米国債を買ったりして運用されている。

ところが円買い介入の場合は、円売り介入とは事情が大きく違ってくる。円買い介入は、手持ちの外貨を市場で売って、円を市場から買うので、手持ちの外貨がなくなってしまった場合、それ以上の介入ができなくなってしまう。つまり、介入できる金額は、外貨準備の金額以内ということになるのだ。それを超えてしまう場合は、外国の中央銀行からドルやユーロを借りてくることなどもできるが、それでもどうしても限界が生じてくる。

そういう意味では、日本の当局（財務省）にとって最も怖いのは、介入という面だけで考えると、実は円高ではなく円安ということになる。円高に対しては無尽蔵に円売り介入ができるが、円買い介入は外貨準備の範囲内というように限界があるからだ。

したがって、いつか日本にインフレが到来し、とんでもない勢いで円安が加速したりすると、日本はひとたまりもない状態に追い込まれる恐れがある。

とはいえ、幸いなことに、日本には年間十数兆円規模の貿易黒字が

POINT
円高に対する財務省・日銀の介入は理論上、無限に行なうことができる。これに対して円安に対する介入には外貨準備の範囲内という限界がある。

ある。そのため貿易で毎年毎年、十数兆円の円買いが市場に出てくる。単純に考えると、それを上回る金額の円売りが出てこない限り、円高が進んでしまうのだ。構造的に円高になりやすい体質が、円という通貨の特徴である。したがって、民間から十分な円売りが出ないときは、政府がその分、円売り介入を行なわないと、相場が安定しない恐れが出てきてしまう。過去の介入を見ると円売り介入のほうが圧倒的に多いが、それも考えてみれば当たり前の話なのだ。

　逆に円安局面についてだが、過去の歴史を紐解いてみると、幾度となく続いた円安局面では、すべてにおいて巨大な投機資金が動いているという共通点がある。ちなみにここ20年くらいでは、2回ほど大きく円安が進んだ。

　ひとつは1990年に1ドル＝160円になったときだ。バブル経済がはじける直前である。日本の投資家はこの時期、国内の株や不動産、ゴルフ会員権などあらゆる物を買い漁った。そして国内の市場が高騰すると、今度は海外に投資先を求めた。そのため、日本から海外に投機資金が流出し、急激に円安が進んだ。ところが、その後、バブルがはじけると、今度は一気に円高へと向かっていったのだ。

　2回目は1998年だ。日本の低金利が長引くであろうということに注目した欧米のヘッジファンドが、為替市場で円売りの投機を仕掛けた。その結果、ドル円は1ドル＝150円に近づくほどの円安になった。そしてこの年、ロシア危機が起き、その影響で市場の流動性が夏以降、極端に縮小した。こうした流れのなかで、10月の初めにはたった2日で20円も円高が進むという記録的な出来事が起こった。投機のつくり上げた相場が一気に崩壊した瞬間である。

為替介入は相場を動かせるのか

　介入は効くのかどうかという議論がよくされる。

　むずかしい問題だが、私個人の意見としては、短期的には△、長期的には◯ということだ。

　市場がどちらかに大きく動いている状況下では、そのエネルギーを吸収することは非常に困難である。市場がひとつの方向に傾き始めると、「売りが売りを呼ぶ」「買いが買いを呼ぶ」ではないが、本来であれば取引に参加するつもりはなかったような人までをも巻き込んでいくからだ。

　相場は行き過ぎるものなのだ。これを英語ではオーバーシュートともいう。また、ある人はこうした現象を「ちょうちんがつく」などと表現する。

　このようにマーケットの動きが一方向にどんどん進んでいくときには、市場の勢いが強すぎるあまり、いくら介入してもなかなか効果が上がらないというケースがある。

　こうなると、当局（財務省）は介入の続行を余儀なくされるが、マーケットに勢いがあるうちは、いくら介入してもその効果は見えてこないものだ。そのうち、介入に対して批判的な論調が増え、「介入の効果に疑問」などといった見出しが、新聞紙上を飾ることになる。

しかし、結局、為替相場は需給で動くので、市場の需給を曲げるぐらいの金額で介入を続ければ、いつかは効き目が現れる。
　最初のうちは市場もパニック状態に陥っており、投機資金などが土石流のようになだれ込むが、それを何度も何度も食い止めているうちに、介入の合計金額が段々と膨れ上がり、需給そのものが歪んでくるのである。
　それからしばらく経つと相場はもみ合いになり、膠着状態が続いた後、何かのきっかけで反転を始める。過去の例からすると、これがいちばん典型的な展開だ。
　介入が始まって、マーケットにその効果が現れるまでの期間は、もちろんそのときの市場環境によっても変わってくるが、総じて見ると、数カ月が経過してから反転するというケースが一般的である。

　ところで、日本が介入を実施する際、「米国の圧力で介入できないのではないか？」といった憶測が飛ぶことがある。新聞などでも、そのような論調を目にする機会が増えていく。これは本当だろうか。
　外国為替は2国間の通貨の交換レートなので、日本が好き勝手に動かしていいものではない。ただ、両国で大まかな政策のすり合わせは随時やっているはずだ。基本的な合意の範囲内では、ある程度自由に

POINT
為替介入は、短期的には効き目がないときもあるが、市場の需給を曲げるほどの金額で続ければ、必ず効き目が現れてくるものだ。ただし介入が始まってから効果が現れるまでに数カ月かかるのが一般的。

介入していいという暗黙の了解くらいはあるだろう。

　ただ、米国政府も背後に支援団体をもっており、国内産業の利益のためにいろいろと政府に働きかけをしてくる。また、議会等では為替政策についていろいろ質問を受けたりもする。したがって米国政府としても、あまり極端な介入などをされてしまうと、説明に苦慮するはめになる。

　ブッシュ政権になって以降の日米関係を見ていると、介入の金額については、あまり気にせずやっているようだ。一方、極端な円の押し下げ介入などと受け止められるような行動は慎むよう、日本としても配慮はしているようだ。

為替相場が人為的に動かされる場合

　教科書的にいうと、為替相場は世界中の銀行が参加し、巨大な規模で取引されているから、たとえば投機筋などが人為的に動かそうと思っても無理だ、といわれる。

　しかし、実際にはそうとも限らない。いや、正確にいえば、短期的には可能だが、中長期的には（政策を動かさなければ）不可能であるということであろう。

　具体的にはヘッジファンドなど、相場参加者の誰かが動きを煽り、みながついてきたときに相場が動くことがある。
　とくに動きやすいポイントは、「中長期の投資家が、アクティブな動きをしようとするタイミング」だ。中長期の投資家というのは、投資行動のサイクルが長いので、意志決定も遅いのが通例だ。こうした投資家が相場の動きに追い詰められて、まさにヘッジをしようとするときが、仕掛けるには最もいいタイミングなのだ。
　たとえば中長期の投資家がドルの売り持ち（円買い）でいるときに、

POINT
中長期的にみた節目となる水準（チャートポイント）で、投機筋による人為的な動きが起きやすいことには、きちんとした理由がある。

相場がドル高（円安）に進むと、彼らが「これ以上の損は避けよう、あわよくば逆に儲けよう」として動きたくなる水準（レート）に引きずり込むよう、投機筋が仕掛けるのである。こうした水準というのは、中長期的にみて節目となっているチャートポイントであることが多い。

　こういう場面で「ヘッジをする」ということは、まさに彼らが「負けを確定」しようとするときなのだ。このヘッジ分（損失分）を投機筋がかすめ取るわけである。そして相場はそこから反転して、戻っていくことが多い。
　私の経験則でいえば、中長期の投資家の（利益確定のためではない）損失限定のためのヘッジというのは、あまりうまくいかない。その理由は、彼らの意志決定のパターンからすれば、構造的に相場の後追いにならざるを得ないし、そのスキマを投機筋に狙われることが多いからである。

column 勝負師はげんをかつぐ

　よく勝負の世界で「げんをかつぐ」という言葉を耳にすると思う。たとえば、スポーツ選手でも、家を出るときは必ず右足からとか、調子がいいときは、ずっと同じものを着ているといった話を耳にする。ディーラーも同様で、調子が良いときは、ずっと同じネクタイをつけていたり、どこかの店で飲んでいたときに大損したなら、そこには二度と行かないなど、こだわりをもっている人が多い。つくづく人間って同じだなと感じ入ってしまう。

　また、自分の運とか調子を確かめるようなこともよくやる。私ももちろん、いろいろと経験がある。

　まずディーラーとして駆け出し時代を過ごしたシカゴ。そのころ私は、時折り車で通勤をしていた。アメリカ人は日本人よりもよく車線変更をする人種で、自分も負けじとやたらと車線変更をしていた。すると、日によって、車線変更がうまくいって隣のレーンのクルマをガンガン抜いていける日もあれば、逆に車線を変われば変わるほど、抜かれていく日もあった。

　そして不思議なことに、車線変更がうまくいった日はトレードも調子が良く、逆のときはトレードもうまくいかないことが多かった。まさかと思うかも思うかもしれないが、本当の話である。そんな経験から、朝の車線変更の出来で「今日はいける！」「ああ今日は負けないように気をつけよう」と思ったりしたものだ。

東京に戻ってきてからは、朝の満員電車が勘を確かめる場所だった。電車に乗ると、席に座っている人を眺め、「あの人は金融関係者っぽいから××駅まで乗りそうだな」とか、「服装から見て作業系なので〇〇駅で降りそう」などと想像して、座りたいときには、早く降りそうな人の前に立つようにしていた。また、会社のビルに入ってエレベーターを待っているあいだに、「今日は右の真ん中！」などと、6つあるうちのどのエレベーターが自分の順番にくるかを当てるゲームをしていた。うまく当たった日は、「よし勘が働くぞ」とばかりに、デイトレードで攻めまくったりしたものである。おそらく同僚たちは、日によって私がエレベーターのなかでニヤニヤしていたり、逆に神妙にしていたりしたのを見て、気持ち悪かったことだろうと思う。

　私はとくに極端かもしれないが、程度の差はあれ、同じようなことをしているディーラーは他にもたくさんいると思う。野球のピッチャーでも、投げる日によって調子が違うように、トレードの成績も、本人の勘のキレや、バイオリズムなどに相当影響を受けているのではないだろうか。

　毎朝、家を出るまで、見るともなくテレビをつけていると、各局とも「本日の運勢」のコーナーが本当に充実している。「あなたの今日の健康運は？　恋愛運は？　金運は？」などという情報がこれほど支持されているところをみると、間違いなく運勢というのは人間の行動と深く関係していると思う。当然、トレードの調子とも無関係ではあり得ないと思う今日この頃である。

第3章

ゲームの参加者を知る（vol.1）

――日本の投資家

Know the participants in the market (vol.1)
――Japanese investors

機関投資家の代表「ザ・セイホ」

　証券投資を担う人たちは、大きく捉えると個人投資家と機関投資家に分けられる。個人投資家の取引は、一般的には1回の取引金額が比較的小さいので、短期的に見ると、市場に対してそれほど大きな影響はおよぼさない。

　ただし、たとえば日本では個人金融資産が約1400兆円もあるといわれている。そのうちのたとえば1％でも一斉に動けば、14兆円もの金額が動くことになり、その影響はやはり無視できない。たとえ1回当たりの取引金額が小さいとはいえ、個人投資家の動きも注意をしてウォッチしておく必要はあるだろう。その数字を把握する際には、たとえば外貨建て投信の残高や、銀行の外貨預金の残高推移などを見ていれば、ある程度把握できると思う。

　一方、機関投資家とは、人から預かったお金や企業のお金を運用す

POINT
セイホの運用はフルヘッジが原則のため、基本的に為替相場に影響を与えない。ただし、最近はオープンの投資を再開している兆しはある。また、セイホに運用委託される年金資金については、ヘッジがつかないため、年度始めなどに起きる集中的な取引に注意。

るプロの集団だ。まずは日本の機関投資家について説明していこう。

　機関投資家のなかでも代表的なのが、1980年代後半から90年前半に「ザ・セイホ」と恐れられた生命保険会社だ。彼らは、保険料などに加え、年金資金なども預かって、そのお金を運用している。円で預かっているため、基本的には国内で運用しているが、一部は海外で運用している。外債や外国株式で運用しているが、円からこれら外貨建て資産を購入するに際して、為替取引が発生する。

　「ザ・セイホ」と恐れられていたころは、非常に派手な取引で市場の注目を集めていた。外国債券や外国株式に投資する一方、それらの為替リスクをヘッジするという名目で、為替の売り買いを繰り返していた。機動的にヘッジをしたり、はずしたりすることで、為替取引でも、儲けようとしていたのだ。何といっても資金力が圧倒的で、一度に数百億円から千億円の金額で売買を繰り返していたため、当時は為替相場に大きな影響をおよぼしたものである。われわれも「セイホ」の売り買いに一喜一憂した。

　しかし、バブルの崩壊とともに段々と慎重になり、最近にいたってはとてもスマートな運用に変わっている。保険料などの運用については、外国の債券に投資する場合も、その大半はフルヘッジ付きで買い付け、償還または売却するまでほとんどヘッジをはずすことなく運用し続けるため、あまり為替相場に影響をおよぼさなくなってきたのだ。ただ、ここにきてヘッジなしのオープンの投資を徐々に再開してきているようである。

年金資金の運用に関しては、保険料の運用とスタンスが異なる。民間の年金基金などは、その資金の運用を生命保険や、信託銀行、あるいは投資顧問会社などに委託している。そして年金運用は、基本的に為替リスクをヘッジせずに運用するため、どの運用機関に委託しても、為替ヘッジを求めることはない。したがって、生命保険会社なども、年金の運用に関しては、ポートフォリオに組み入れる外国債券や外国株式の金額分だけ、為替取引が発生することになる。

　そのため、バブルピークのころのように派手な取引をするわけではないが、年度末に向けての利食い売りや、年度始めの新規投資などを行なう際に、集中的に為替取引が発生するため、それが為替相場を大きく動かす要因になることがある。この点については、季節要因と絡めて注意して見ておく必要があるだろう。

似たようなポジションをもつ「銀行」

　銀行は、顧客から預かっている円預金を外貨に変えて投資をする（これを円投という）ことは、あまりやらない。短期市場で外貨を調達し、その資金で外国債券を買い、その債券の値動きを狙って収益を上げるという取引が中心だ。

　したがって、銀行が大量に米国債を買ったとしても、本当のところは、為替相場にほとんど影響をおよぼすことはない。ただ、早合点する人がたまにおり、この手の情報でドルが買われるというケースがある。もちろん、あくまでも勘違いに基づいた投資行動なので、すぐ元のレートに戻ってしまう。

　ただ銀行の場合、外債投資に伴う為替取引だけでなく、外貨を売買することによって、為替差益を確保するという取引も行なっている。「為替ディーリング」と称される取引だ。大きな銀行になると、1000億円以上のポジションをもってディーリングを行なっている場合があるので、すべての日本の銀行が行なっている為替ディーリングの金額を合計すると、数兆円単位の巨大なポジションになる。

　実は、銀行にはあらゆる為替取引の情報が流れてくる仕組みになっている。

　まずインターバンク市場といって、主に銀行だけが取引に参加して

いるマーケットがある。そして、輸出業者や輸入業者、ヘッジファンド、機関投資家、投資顧問会社といった連中が、為替取引を行なう際に、インターバンク市場での取引に参加している各銀行に対して、為替の売買注文を出してくる。そのため、銀行はあらゆる投資家の為替取引の状況を把握できる立場にあるのだ。その情報量は驚くばかりのもので、各銀行がもっている為替取引の情報をすべて集めると、世の中で起こっている為替取引の状況は、ほとんどわかってしまうというくらいのものである。

　では、銀行のなかでは、どのような取引が行なわれているのだろうか。
　銀行には、3種類のディーラーが存在している。カスタマーディーラーとインターバンクディーラー、そしてプロップディーラーだ。
　カスタマーディーラーとは、顧客と為替取引を行なっているディーラーのことである。機関投資家やヘッジファンド、輸出入業者たちは、基本的にこのカスタマーディーラーに対して為替の売買注文を発注している。
　そして、カスタマーディーラーは、顧客から受けた注文を、自分自

POINT

銀行には世界中の為替取引の動きに関する情報が入ってくるような仕組みになっている。そして銀行員は基本的に「横並び」が好きだ。したがって、銀行が行なう為替取引は、流れの方向に追随して一斉に動きやすいという特徴がある。

身でインターバンクで売買するのではなく、一度、インターバンクディーラーにつなぎ、そしてインターバンクディーラーが、他の銀行のディーラーと取引を行なう。

次にプロップディーラーは、自己売買を行なっているディーラーのことだ。彼らは、銀行から一定の取引枠を与えられており、自己裁量で為替取引を行なっている。自分たちの相場判断に基づいて為替の売買を行ない、銀行のために為替差益を稼ぐのが、彼らの役割だ。ちなみにプロップディーラーも、為替取引の注文を出す場合は、一度、インターバンクディーラーを経由して、注文を出す形を取っている。

このように、銀行が行なっている為替取引は、顧客の注文を執行するものと、自己売買をするものの、2つの顔をもっている。

ところで、銀行のディーラーは、為替取引に際してどのような特徴があるのかというと、基本的には常識的な考えに基づいて取引に参加しているケースが多い。というのも、もともとが普通の銀行員なので、あまりはみ出たような考え方で取引する人間が少ないのだ。

その結果、多くの銀行ディーラーが、みな同じようなポジションをもっているという現象が頻繁に生じる。

それとともに、流れに追随して動くというパターンもよく見られる。というのも、前述したように、銀行には世界中からの為替情報が集まってくるからだ。たとえば、どのヘッジファンドが買いに動いているということまでわかってしまう。そのため、多くの銀行ディーラーは、ヘッジファンドが買うときには買う、逆にヘッジファンドが売るときには売るという投資行動を取るケースが多い。

つまり、銀行ディーラーの場合、ポジションに偏りが生じやすいのである。実は私は、こういったポジションの偏りに注目して、トレードしていたことがある。当然、多くのディーラーが一斉に同じ方向を向いて取引をしているときは、必ずどこかの段階で相場が崩れる。ちょっと気の利いたディーラーであれば、あまりに大勢のディーラーが買いに回ったりすると、これはマズイということで、人よりも一足早く相場から降りるのが普通だ。

　ところで銀行といえば、日本では都市銀行や地方銀行などの「普通銀行」に加えて、「信託銀行」という業態がある。信託銀行の場合は、普通銀行とはいささか事情が異なる。
　普通銀行は預金を預かり、それを国内で貸し出しに回し、その利ザヤで儲けるというのが基本的な収益構造だ。ところが信託銀行は、年金のお金などを預かって運用している。そして生命保険会社と同じように、こうした資金の一部は外貨で運用されている。そのため、外債に投資する場合であれば、購入した債券の金額分だけ、円売りが発生する。
　ちなみに信託銀行には普通銀行の部門もあり、その部門では為替取引の発生しない金融取引も行なわれている。そのため、少しややこしい話になるが、信託銀行は機関投資家に近い為替取引を行なうこともあるということは、理解しておくといいだろう。

リスクを取るのに慎重な「証券会社」

　証券会社も外国為替市場での取引に参加している投資家の一人だ。バブルのころは、証券会社も自己勘定、つまり自社のお金を使って、活発に為替取引を行なっていた。1980年代半ばから後半にかけて、日本の大手証券会社などはまさに外国為替市場の暴れん坊で、その売買動向にインターバンクのトレーダーはいつも冷や汗をかかされていたものだ。

　しかし、現在は総じて生命保険会社と同じように、為替取引でリスクを取ることにはかなり慎重なスタンスで臨んでいる。顧客から受けた注文をそのまま、市場に流していることも少なくない。ヘッジファンドが大暴れをするなか、とくに日本の証券会社が為替相場におよぼす影響は、相対的に後退している。

　2000年に入ってからは、世界中で金利低下が進んだことから、相対

POINT
バブル当時と異なり、証券会社の自己売買は為替でリスクを取ることにかなり慎重になった。いまは個人が証券会社を通じてオーストラリアやニュージーランドなど高金利の国の債券を買うことによる影響がみられる程度である。

的に景気が好調で、金利も上昇傾向にあった豪ドル、ニュージーランドドル、英国ポンド、あるいはカナダドルなどの高金利債券が人気を集めている。個人投資家の資金も、これらの債券を通じて外国為替市場に流れ込んできた。むしろ証券会社の自己売買による為替取引よりも、個人が証券会社を通じて海外投資を行ない、その結果として生じてくる為替取引のほうが、よほど大きな規模になってきている。

ちなみに、豪ドルやニュージーランドドルなどは、他の主要国通貨に比べて市場規模が小さいために注意が必要だ。高金利債券に対する人気が高まると、多くの資金が流入するため、為替レートも大きく跳ね上がる傾向が見られるのである。これらの通貨は市場規模が小さいため、ちょっとした売り買いの資金によって、相場がかく乱されがちなのだ。

基本的に為替レートを見るうえで、証券会社の自己売買による影響は、以前ほど大きくないので、個人の外債購入の動きなどをチェックするだけでいいだろう。

生命保険会社と似た「アセットマネジメント」

　投資顧問会社も外国為替市場での取引に参加している市場参加者の一員だ。英語ではアセットマネジメントともいう。日本でも「○○投資顧問」、あるいは「××アセットマネジメント」といった会社名のところがたくさんある。

　彼らは投資顧問業の認可を取得して、他人のお金を運用し、一定の手数料を徴収している。預かったお金は信託銀行に信託財産という形で預けており、運用は投資顧問会社が執行する。

　実際の売買プロセスを説明すると、まず投資顧問会社が銀行に電話をかけ、何を売って何を買うかの指示を出すが、実際に投資家の運用資金を預かっているのは信託銀行なので、為替取引についてはその信託銀行と、為替取引を市場につなぐ銀行とのあいだで成立する。

　ちなみに投資顧問会社も年金資金をはじめ、公的な資金や企業の余裕資金などを運用している。為替市場における行動パターンは、生命保険会社とほぼ同じと考えていいだろう。日本でも投資顧問会社は徐々に規模を拡大しており、生命保険会社などは、系列関係にある投資顧問会社のほうが、運用残高が上回っているというケースも少なくない。

　ところでアセットマネジメントの分野では、前述した投資顧問会社

以外に、恐らく個人投資家の方にはより馴染みのある投資信託会社もある。両者の違いについては、投資顧問会社が企業や年金など法人資金の運用を行ない、投資信託会社は個人資金の運用を行なうと考えればいいだろう。ただし、近年は金融グループ間の再編とともに系列内の再編も進み、投資顧問会社と投資信託会社が合併してひとつのアセットマネジメントになっているケースも多い。

そもそも投資信託とは何か。投資信託協会のホームページによれば、「投資家から集めた資金を一つにまとめ、大きな資金として運用の専門家が株式や債券などに投資・運用する商品で、その運用成果（マイナスのこともある）が投資家それぞれの投資額に応じて分配される仕組み」ということになる。

つまり、たくさんの人が誰かにまとめて運用を任せるという商品だ。投資信託業務を営むには、投資顧問会社と同じように金融庁の認可を得る必要がある。ファンドに集められた資金は、主に株式や債券で運用されるが、最近は不動産で運用する不動産投資信託（ＲＥＩＴ）も増えてきた。

投資信託は、日本国内の株式や債券だけでなく、米国や欧州など海外の株式、債券にも投資している。したがって、海外の株式や債券に投資する際に、為替取引が発生する。しかも、現在、運用されている

POINT
投資顧問会社（アセットマネジメント）と投資信託の運用法は、セイホと同程度に為替相場に影響を与える。

投資信託の多くが、海外に投資する際に為替のヘッジをしていないため、こういった海外市場に投資するファンドの残高が変化した分だけ、為替取引が発生していると考えていいだろう。

　ここまで、ゲームに参加している者の特徴としていろいろな日本の機関投資家について紹介してきたが、全体的にある傾向があることに気付いただろうか。
　それは、バブルの時代に為替の売り買いを激しくやってきた機関投資家の多くが、最近は株や債券の現物を売買する際に、それに伴って発生する為替の売り買いだけを、忠実に執行しているということだ。

　投資顧問会社や投資信託会社などで、実際に運用を行なう人をファンドマネジャーという。彼らは債券や株については非常に精通しており、その運用については自信をもっているが、為替に関しては素人という人が多い。彼らに言わせると、為替は債券や株に比べて不規則に動くので「なんだかよくわからない」ということのようだ。
　1990年代までは、「為替の売買でも儲かるのでは…」という色気があり、保有している海外の株式や債券の為替リスクをヘッジするという目的を超えて、派手に為替取引を行なっていたファンドマネジャーも多い。
　しかし日本の景気が低迷し、運用会社にも安定した運用が求められるようになった。そのため、ほぼ100%ヘッジをかけるか、逆にまったくヘッジをせずに運用するかの、いずれかのケースになってきた。

その結果、90年代の前半まで、あれだけ為替相場に影響を与えてきた日本の機関投資家は、相対的に影が薄くなってきているというのが現実だ。
　ただ、同じ投資顧問会社や投資信託会社でも、海外になると事情が異なる。諸外国では、資産運用ビジネスが個人などのあいだにも根付いているため、ファンドそのものの規模が大きい。また、為替取引についても非常にアクティブに動く傾向があるため、それだけ為替相場におよぼす影響の度合いが大きいともいえる。

春先の円安要因になる「郵貯・簡保資金」

　外国為替市場のプレイヤーのなかでも、やや特殊なものとして郵便貯金・簡易保険の市場運用が挙げられる。ご存知の方も多いと思うが、いま郵貯と簡保の資金量は両方で350兆円程度ある。その資金はこれまで、そのうちの大半が財政投融資で運用されていた。つまり国に貸していたのだ。

　それが、平成13年から7年かけて、徐々にこれを市場での運用に切り替えている。もちろん、彼らには自分自身で運用するだけのノウハウはまだ十分にはないので、実際にはさまざまな機関投資家に運用を委託し、彼らを通じて市場に登場してくる。そして毎年、市場に流れ込む資金の一部が、外貨運用に回される。その金額は、推測で毎年2.4兆円程度といわれている。

　郵貯や簡保の外貨運用資金は、だいたい年度始めの春先から夏場にかけて市場に出てくるので、春先はちょっとした円安要因として浮上してくる。

POINT
春先から夏場にかけての外貨買い（円安）の要因となる郵貯・簡保の外貨運用に注意。

ところで郵貯や簡保のマネーは、基本的にアクティブな運用は行なわない。あくまでもパッシブ運用だ。それもあって、郵貯・簡保マネーの運用委託を受けている機関投資家も、ますますパッシブな運用に傾くようになる。

春先から夏場にかけて市場に出てくる郵貯・簡保マネーは、「まずポートフォリオの比率ありき」ですべての投資行動を決めてくる。この比率は前年度の実績がベースになる。したがって、市場に出回ってくる時期も、また金額も、非常に把握しやすい。外貨建て金融資産に30％を投資するとなれば、そのとおりの金額を投じてくるからだ。

しかも、官僚的なので、次の決算期を迎えるまで、運用方針を大きく変更するということもしない。ポートフォリオを決める前に、一度は来年度の運用方針を策定することになるが、そこで決められたポートフォリオ比率は、基本的にその年度が終わるまで継続されると考えていいだろう。当然、外貨に投資するとなれば、どのタイミングで買えば有利なレートを取ることができるのかということも、あまり考えない。きわめて機械的に投資してくる。

つまりパターン化されているわけだから、相場のかく乱要因として考える必要もない。あくまでも、春先から夏場にかけて、彼らが市場に資金を投じてくるタイミングだけに気を付けておけばいいだろう。

身動きの取りにくい「実需筋」

　最後に実需筋の為替取引にも触れておこう。

　すでに説明したように、実需筋とは輸出業者、あるいは輸入業者などのことである。

　かつては、輸出業者、輸入業者も「リーズ・アンド・ラグズ」といって、相場の流れのなかで為替差益を得ようと工夫をしていた時期があった。リーズ・アンド・ラグズとは、輸出業者の場合は円安になるまで待ってからドル売りをする、輸入業者の場合は円高になるのを待ってからドルを買おうというものだ。しかし、この手法は結局のところうまくいかず、いまではあまり行なわれていない。

　その代わり、最近行なわれているのは、コンスタントに為替の予約を入れていく方法だ。たとえば輸出業者であれば、一定期間後に生じるドルの売りレートをあらかじめ決めておく、輸入業者の場合は、一定期間後に生じるドルの買いレートをあらかじめ決めておく。こういった為替予約を駆使することによって、為替変動リスクをヘッジしている。

　結局のところ、輸出業者や輸入業者は、為替のトレーディングでメシを食っているわけではなく、あくまでもヘッジ目的で参加しているだけなので、取引のやり方は通常の為替ディーラーとはやや異なる。

これは仕方のないことだ。

　輸出業者や輸入業者の場合、「社内レート」というものを策定している。これは、年間の収益予想を立てる場合に、とくに製造業などは為替レートの変動によって年間の収支が大きく変わってくるため、あらかじめ「今年の収益予想は、為替レートが１ドルいくらになるという前提に基づいたもの」というように、為替レートの水準を決めておくのである。そのため、こういった企業の財務部門としては、社内レートに対して少しでも利益が出るように為替取引の工夫をしていくのが普通だ。

　しかし、だからといって財務部門のスタッフとしては、利益を出すためと称して極端な為替取引を行ない、それが元で損失が生じたりすれば、自分自身の出世にも響いてしまう。そのせいもあってか、それほどリスクを取った運用は行なわない。

　たとえば、ある輸出業者が１ドル＝110円で社内レートを決めたとしよう。その後、実際の為替レートが１ドル＝115円になったら、この５円の為替差益はどうしても取りたい。本来なら、そこでドル売り（予約）を行なって利益を確定させたいところだが、その後、さらに

POINT
実需筋（輸出業者や輸入業者）は、「社内レート」を意識しながら、数カ月先の為替予約を"淡々"と入れてくるため、目先の相場の方向性にはほとんど影響がない。ただ、売りや買いの注文が一定のレンジに集中しているようなときは、新聞記事などでその種の情報に注意しておいたほうがいい。

円安が進んで1ドル＝120円になったらどうなるか。恐らく、この財務部門のスタッフは上司から大目玉を食らわされることになる。「どうして、もっと待ってからドルを売らなかったのだ！」と。

逆に円高が進んだ場合に何もせずに放置しておくと、今度は「どうしてカバーしなかったのだ。バカ者！」ということになる。だから、円高が進むリスクに備えて為替予約を入れておかなければならない。

円安が進んだら「どうしてそんなに早く為替予約を入れたのだ」と怒鳴られ、逆に円高が進んだら、「なぜ為替予約を入れておかなかったのだ」と怒られる。これでは、為替相場の動きに応じた柔軟な売買など不可能だ。

結局、実需筋としては、非常にヘッジの期間を短くして、目先の細かいヘッジを行なうようになる。かつては、1年先の為替レートを予約するというケースも多かったが、今では3カ月後、あるいは6カ月後というように、実際に決済を行なうタイミングに合わせて淡々と為替予約を入れていくというのが一般的になっている。

ただし、輸出入企業の売りオーダーや買いオーダーが集中しているレンジでは相場の動きが抑えられることもあるので、新聞などでその種の情報を見かけたら注意する必要がある。

日本の投資家はベンチマーク運用が基本

　昨今の日本の投資家は、ベンチマーク運用を基本にしている。ベンチマークとは、運用成績を評価するときに基準となる指標のことだ。つまり、成績通知表の平均点のようなもので、全体を100とすると、米国にいくら、日本にいくら等の配分の率が決められていて、全部あわせると100になっているものと考えればいいだろう。

　これらの指標の配分にあわせて運用を行なうやり方をパッシブ運用という。逆に、ベンチマークから得られる収益率を上回ることを目標に行なうのがアクティブ運用だ。

　最近は安定性が求められているので、パッシブ運用が主流になっている。アクティブファンドもあるが、通常は、ベンチマークから超えてリスクを取れる部分が、かなり限定されているのが普通だ。

　少し話が外れるが、機関投資家の運用は、私のようなトレーダーにとってある意味不思議な世界でもある。彼らの運用成績は、ベンチマークに対してどれだけ収益率が上回るかということだ。これを相対評価というが、この評価方法だと、年間を通じて自分の運用がマイナスだったとしても、ベンチマークの下落率に対してマイナス幅が小さければ、評価されることになる。「運用は長期的に見るものなので、たったの１年ぐらいの成績をがたがたいうな」ということのようだ。

また、パッシブ運用というのも、よくよく考えてみると、どうも解せない考え方である。そもそも指標の配分に合わせて運用するだけなら、ファンドマネジャーなど必要ないのではないかと思うが、いかがだろうか。

ただ、ようやく最近になって、やはりそうはいってもマイナスはおかしいだろうというムードが広がってきた。そこで、実際にいくら儲かったのかという絶対評価が徐々に重視され始め、ベンチマークを使わずに運用するヘッジファンドなどへの投資が急拡大している。

パッシブ運用を行なう場合、ある特定のインデックスをベンチマークにする。インデックスとは、日経平均株価のように、市場全体の値動きの基準になるものだ。とくに海外のインデックスについては、いろいろな国の債券や株式が含まれているため、パッシブ運用を行なうと、さまざまな通貨の為替リスクをもっていることになる。したがって、パッシブ運用では、債券や株式の売買に伴う為替取引しか行なわないのが普通だ。ヘッジなどと称して、為替を別枠で売買するようなことはしない。

POINT

日本の機関投資家はベンチマークを指標としたパッシブ運用が基本。したがって、指標の見直しなどイベントが起きるときには相場に動きが出る。ただし、その動きには「Buy The Rumor. Sell The fact.」になることが多いから、噂に惑わされて振り回されないように注意したほうがいい。

いま最もよく使われているベンチマークは、外国債券では「シティーグループ世界国債インデックス」や「ＪＰモルガン世界国債指標」、外国株式では「モルガンスタンレーキャピタルインターナショナル世界株式インデックス（ＭＳＣＩ）」である。これらの指標は大体、毎月見直しが行なわれるが、大きな変更が行なわれるのは数カ月に１回程度。大体月末に行なわれる。

　組入れ対象の入れ替えなど、指標に大きな変更が加えられる際には、何となく相場も大きく変動するような気がするものだ。しかし現実には、動きはあるが、大きく変動することはない。その情報をいち早く手に入れた一部の投資家が、見直しに向けてポジションを仕込んでいるので、実際に変更による売り買いが発生したときは、いち早く行動に移した投資家の利食いに飲み込まれて、相場はまったく動かないというケースが普通なのである。

　いわゆる「Buy The Rumor. Sell The Fact.」（噂で買って、事実で売る）のいい例である。したがって、新聞などで指標の見直しなどの話題が取り上げられても、あまり右往左往しないほうがいいだろう。

第4章

ゲームの参加者を知る（vol.2）

―――海外の投資家

Know the participants in the market (vol.2)
―――Foreign investors

大きな影響をおよぼす「ヘッジファンド」

　マーケットに大きな影響をおよぼす海外の投資家というと、何をイメージするだろうか。恐らく、真っ先に思い浮かぶのはヘッジファンドだと思う。実は、昨今の為替市場で最も影響力をもっているのがヘッジファンドなのだ。彼らの動向が市場のトレンドをつくるといっても過言ではない。
　私も自分で相場予想を組み立てる場合、「ヘッジファンドの連中がいま何を考えて、次にどのような行動を取るのか」ということを、実際にヒアリングしたり、想像したりする。

　では、そもそもヘッジファンドとは一体何者だろうか。
　「ヘッジ」と聞くと、なにやらリスクを避けるような運用を行なう投資家という印象を受けると思う。実は、元々はそういう目的でつくられた運用機関だったが、時代の要請とともに形態が変化を遂げ、現在はさまざまな手法を用いて絶対リターンを狙う、きわめて大きなリスクを取る投資家の代名詞になってきた。
　実はヘッジファンドも、どの運用手法を用いるのかによって、その種類は多岐にわたっている。売りと買いを組み合わせることによって、市場全体の値動きの影響を最小限に抑えたロング・ショート運用やマーケット・ニュートラル運用、とにかく値動きのありそうなマーケッ

トにコミットして、大きくレバレッジをかけて運用するマクロ運用など、さまざまな種類がある。そのなかでも、とくに為替相場に大きな影響をおよぼすマクロファンドとモデルファンドについて説明していこう。

　マクロファンドとは、ファンドマネジャーが経済情勢をウォッチしながら、どういうポジションを取れば最も高いリターンが得られるのかを判断し、実際に投資行動に移すという手法をとっている。

　有名なところでは、ジョージ・ソロスが率いるソロス・ファンド・マネジメントなどがこの典型例だ。ヘッジファンドも運用資金を銀行に預託し、それを保証金（マージン）として為替のトレードをしている。最近、個人投資家のあいだにも広まってきた外国為替保証金取引（ＦＸ）の巨大版といってもいい。

　保証金とはいわば担保のようなもので、これを元手に銀行から資金を借り入れ、投資元本以上にレバレッジを効かせ、大きな取引を行なう。以前は保証金に対して取引可能な金額の比率（レバレッジ比率）が非常に大きかったため、彼らは巨大なポジションをもっていること

> **POINT**
>
> ヘッジファンドのなかでも為替相場への影響力から注目を集めるのがマクロファンド。非常に高度なファンダメンタルズ分析をしているような印象もあるが、実は「人為的な仕掛け」が得意なだけのところもある。チャート分析で「誰もが節目と思う」ようなポイントでは、彼らの罠に引きずり込まれないように注意すべし。

が多かった。ところが、1998年の通称ロシア危機のとき、ＬＴＣＭ（ロング・ターム・キャピタル・マネジメント）という大きなヘッジファンドが破たんし、金融市場に大きな影響をおよぼしたことから、銀行側もあまりに高いレバレッジに対しては慎重な姿勢を取るようになり、レバレッジ比率が引き下げられたという経緯がある。その結果、最近は昔のような巨額な金額でマーケットを動かすという状況ではなくなってきた。とはいえ、それでも依然として、大きな金額で取引をしているのは事実だ。

　マクロファンドなどというと、非常に高度なファンダメンタルズ分析を駆使して、いかにも高尚なトレードをしているような印象を受けると思う。たしかに、そういうファンドもあるが、実際には各銀行に売り買いのオーダーや損切りのオーダーを聞きまくり、そこを狙って短期的に仕掛けているだけのマクロファンドもかなりある。

　たとえば、各銀行にある損切りの注文を狙って仕掛けをして、大きく動いた相場に他の大勢の投資家がついてきたところで利食うといったようなやり方だ。決してきれい事ばかりでトレードしているわけではなく、このように結構えげつない取引をしている連中もいるので、その動向には注意が必要だ。

　もう少し具体的に、ヘッジファンドがどう仕掛けるのかを説明してみよう。

　一般的には、チャートポイントの切れたところに損切りの注文が集中する傾向がある。実はそこが狙い目なのだ。たとえばチャート分析で、この水準を切ったら下がるといわれるサポートラインがあるとし

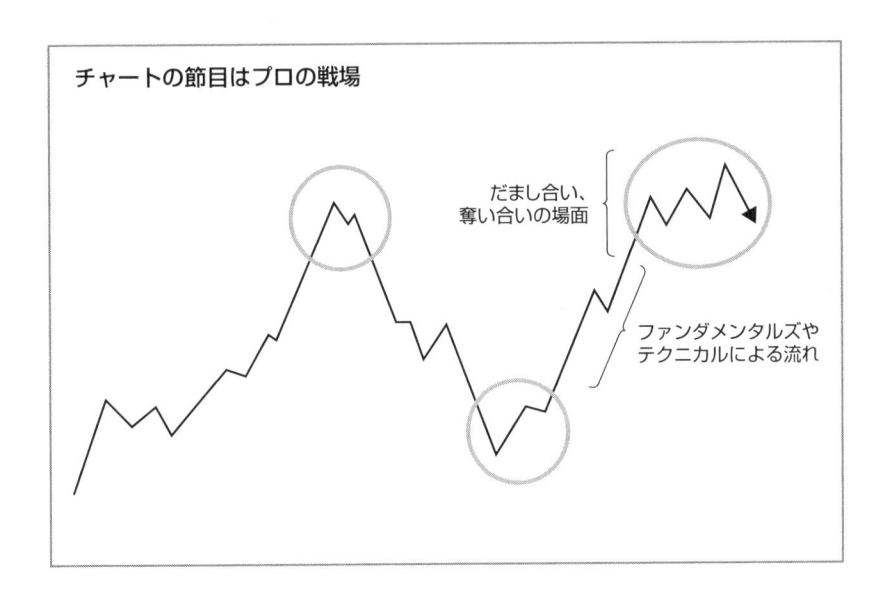

第4章　ゲームの参加者を知る（vol.2）──海外の投資家

チャートの節目はプロの戦場

だまし合い、
奪い合いの場面

ファンダメンタルズや
テクニカルによる流れ

よう。往々にして、そのポイントの下には損切りの注文が並ぶことが多い。

そのような場面で、勘のいいヘッジファンドは、まずそのポイントに相場を誘導するために、徐々に売り注文を入れていく。すると、市場内には徐々に上値が重いという雰囲気ができてくる。そして、問題のポイントの近くまでやってくると、もう一押しさせるためにいずれかの銀行を使い、さらに売り注文を入れる。

その結果、相場はサポートラインを切って下落、損切りの注文が執行される。そして多くのトレーダーは、チャートポイントが切れたことから、その流れに追随して売り注文を入れてくる。ヘッジファンドはこの瞬間を狙って、今度は別の銀行から一気に買い上げるのだ。

すると、売り注文を出していた投資家が慌てて買い戻しに動き、相場は一気に反転していく。結局、損切りの注文は執行され、買いから

入った投資家は損失が確定。売りに付き合わされた人も買い戻しに動き、損失だけが残される。そして、ヘッジファンドだけが一人勝ちするわけだ。実際、こういうケースは嫌というほどある。したがって、チャートポイントの切れ目付近は「プロの戦場」なのだと注意しておいたほうがいい。

　テクニカル分析などで習ったとおりに、サポートラインを抜けるかどうかを参考にして売買を行ない、結果的に損失を被った経験のある人もいるだろう。テクニカル分析的にいえば、この手の動きを「だまし」と定義するが、最近は、こういっただましの動きが非常に増えている。よくよく考えてみると、ヘッジファンドがこのような仕掛けをつくっているのだから、当たり前と言えば当たり前なのかもしれない。
　私も最近は、「抜けたらポジションを取る」という方法は、できるだけ行なわないようにしている。為替取引に参加するのであれば、このようなだましに遭って損をしないよう、十分に気を付ける必要があるだろう。

システムの売買サインで動く「モデルファンド」

　マクロファンドは取引量が大きく、相場に最も大きな影響をおよぼす投資家だが、それと同じぐらいマーケットの関心を集めているのがモデルファンドだ。これもヘッジファンドの仲間である。

　モデルファンドとは、あらかじめ構築されたシステムの売買サインなどに従って売り買いをするファンドを指している。各国の経済指標などを指数化し、ファンダメンタルズの差などを数値化したうえで取引の判断材料にしているケースもあるようだが、通常はテクニカル分析を用いて、売買サインを出させるケースが一般的だ。

　分析手法の種類は、そのシステムを開発する担当者によって違うので、それこそ数え切れないくらいあると考えて差し支えないだろう。自分が苦労して開発した金儲けのためのシステムを、そう簡単に他人に見せるはずもないので、世の中にどのようなシステムに基づいて売買しているファンドがあるのかは、正直なところわからない。

　ただ、彼らがいつ買って、いつ売っているかについては情報として入ってくるので、そこから想像すると、モデルファンドは大体2つのパターンに分かれると考えられる。

　ひとつ目がトレンドフォロー型と呼ばれるタイプで、相場の大きな流れに追随していく投資法だ。日本語だと順張り型といえばいいだろ

う。たとえば、相場のブレイクポイントをシステムが判断して、そのポイントを抜けると買いに回ったり、売りに回ったりする。あるいは、相場の強さを何らかの方法で指数化し、その数値のレベルで相場の強弱感を判断して売り買いを行なうという方法もある。なかには、最初に買いサインが出たときに買い、次の買いサインが出たらさらに買い、その後もサインが出るたびに、どんどんポジションを積み増ししていくというモデルもある。トレードは流れに乗るのが基本なので、このタイプがモデルファンドの大半を占めるのだろう。

　もうひとつのタイプは、少々へそ曲がりのように思われる人も多いと思うが、要は逆張りタイプと呼ばれるものだ。相場の買われ過ぎ、あるいは売られ過ぎを狙って、反対のポジションを取る投資法である。この手のタイプは、オシレーター系と呼ばれるテクニカル分析を使って、相場動向を分析するケースが多い。オシレーター系の代表的なテクニカル分析としては、ＲＳＩやストキャスティクスなどが挙げられる。

　モデルファンドとしてはこれら2つのタイプが基本になるが、実際はいくつかの分析手法を組み合わせることによって、売り買いのサインを出させているようだ。

> **POINT**
> モデルファンドの投資行動のロジックを解析することは不可能。全体としてみれば、順張り系と逆張り系があり、相場には中立だとみれば、通常はその動向をそれほど気にする必要はない。

たとえば、相場の大きな流れを掴んでいくトレンドフォロー型のなかには、オシレーター系の分析を組み合わせて、ポジションを閉じるタイミングを決めているファンドもある。こうしたモデルの中身は、ＭＩＴ（マサーチューセッツ工科大学）のような理数系大学を卒業した"天才"たちが、分析に分析を重ねてつくり上げているので、そのロジックを正確に理解することは困難だ。ただ、モデルファンドがどういうタイミングで売り買いをしているのかをウォッチしていれば、投資行動のパターンは何となくわかる。

　私自身が観察したところによると、モデルファンドが用いている運用システムは、長期的な相場の流れに向いているタイプと、短期売買に向いているタイプに分かれている。そして、相場状況に応じて両者を使い分けているようだ。基本的に、長期ポジションにはトレンドフォロー型が有効であり、逆に短期売買になればなるほど、逆張り型が力を発揮するので、モデルファンドで運用している投資家も、このような使い分けをしていると推察される。

1998年のヘッジファンド危機の教訓

　ヘッジファンドには大きく分けて、マクロファンドとモデルファンドがあるということは、理解していただけたと思う。端的に言えば、ファンダメンタルズをもとに取るべきポジションを判断する、あるいはテクニカル分析を駆使したシステムの指示によってポジションを判断するなど、いろいろなロジックがあるということだ。

　彼らの投資行動は、それぞれの手法に忠実に行なわれており、何事もなければ当然のことながら異なる投資パターンを取る。しかし、いったん市場に強いトレンドが形成されると、本来なら異なる投資パターンを取るはずのヘッジファンドたちが、同じような投資パターンを取り始め、その結果、市場のポジションがいずれかの方向に極端に傾くケースがしばしば見られる。

　結局、人の考えることにはそれほど大きな違いがなく、またヘッジファンドの連中も、そのサークルのなかでお互いに情報交換をしたりするため、最終的にはみなが同じようなポジション取ることになるのだろう。

　このように、ポジションが一つの方向に極端に傾いた状態は、ある意味、危険だといえる。というのも、いったん相場が逆の方向に動き出すと、これまでのトレンドが一気に崩れ、市場がパニック状態に陥

るケースもあるからだ。

　具体例を挙げて説明しよう。話は1997年にさかのぼる。この前年にアジア通貨危機という大きな経済危機が起こった。東南アジアを中心とするアジア諸国から、これらの国々に投資されていた資金が大量に海外へと流出し、その結果、アジア各国の通貨が急落したのだ。このとき、アジア通貨の売りを仕掛けて大儲けしたのが、ヘッジファンドである。

　彼らは、翌年の1998年に、今度は円とドルの金利差に目をつけ、円売りポジションをどんどん積み増していった。そのような折り、ロシアで経済危機が発生し、ロシアに巨大な投資をしていたLTCMというアメリカのヘッジファンドが、破たん寸前にまで追い込まれた。その報道に対し、初めのうちは市場もそれほど大きくは反応しなかった。

　当時、銀行でドル円のチーフディーラーをしていた私は、何となく毎日市場の流動性が落ちていくのを感じていた。毎日の値動きが荒くなり、そんなに大きくはない金額の売り買いをさばくのにも、以前より時間がかかるようになったからだ。

　実は、市場の流動性が低下したのには原因があった。LTCMとい

POINT

多種多様なヘッジファンドは、通常はそれぞれがバラバラの思惑で投資行動をしている。注意すべきは、彼らがみな一つの方向に向かってポジションをもち始めたときだ。何かのきっかけでその均衡が崩れると、相場は爆発的な値動きをみせることがある。

うファンドは、ノーベル賞を受賞した学者も参加する非常に有名なヘッジファンドである。その信用力の高さで、欧米の金融機関から巨額の資金を調達していた。ＬＴＣＭ破たん危機の影響が、資金提供をしていた金融機関にまでおよび、各銀行が為替のトレードに非常に消極的になっていたのだ。

　多方面の市場関係者にヒアリングした結果、相変わらず多くのヘッジファンドは円売りのポジションをもっているらしいという情報を掴んだ私には、いつか円高に行き始めたら大変なことになるという予感があった。ヘッジファンドが市場でポジションをさばくためには、金融機関に頼むしかないのに、その金融機関が売買を行なっているインターバンク市場の流動性が落ちているのだ。

　結果はどうなったか。10月8日から翌9日の2日間で、何と20円もの幅で円高になったのだ。ちなみに、2004年中の1年間でも、ドル円相場は12円程度しか動いていない。このことからも、これがいかにトンデモない相場であるか、想像がつくかと思う。

　この時に私が得た教訓は、
①市場はいつも同じだとは思わないこと。周りの環境によっていつでも変化すること
②市場が大きく変化するときは、必ずといっていいほど予兆があること
の2点だ。

　トレンド相場は方向が明確になっているだけに、儲けるにはいちばん簡単な相場展開だが、「どこでその船から下りればいいのか」が判

断しにくい。ただひとつだけいえることは、大きな変化の前には、乱高下が起こるといったように、相場の値動きが大きく変化することが多い。「市場のことは市場に聞け！」とよく言われるが、答えは相場の値動きのなかに隠されているものだ。だからこそ、普段から相場の値動きには十分な注意を払って、ウォッチングしておくべきだろう。

　もうひとつ付け加えるなら、市場の流動性が落ちたと感じたとき、つまり値動きが荒くなり、取引が薄いなと思ったら、いつもよりも売買金額を抑えるよう心がけるべきだ。大きく動くときは、大きく儲かりそうな気がするものだが、一度、相場の方向が逆にブレると、負け方も半端ではない。自分の懐とよく相談したうえで、慎重に取引するべきだろう。

その他の海外投資家たち

　海外の投資家は、もちろんヘッジファンドばかりではない。他にも大きく相場を動かす投資家たちがいる。

　その代表が、リアルマネーと呼ばれる投資家たちだ。日本でいうところの投資顧問会社や生命保険会社などの機関投資家のことだ。同じ運用の世界の住民でも、ヘッジファンドとは形態や投資法が異なるが、ざっくり区分けすると、ヘッジファンドは大きなリスクを取る一方、大きなリターンを追求する投資家で、リアルマネーは安定的な運用を目指す投資家と理解しておけばいいだろう。

　ただ、海外のリアルマネーは、日本の機関投資家に比べると少しスタンスが異なる。

　日本の機関投資家は、バブル景気がピークアウトして以降、延々痛い目に遭っており、きわめて慎重なスタンスで運用している。

　一方、海外の機関投資家も、基本的には代表的なインデックスに従

POINT
その他の海外の機関投資家のなかで、為替相場に意外な影響力をもつのが「各国の中央銀行」だ。とくに、東欧や中国など開発途上国の中央銀行は"投機家"として積極的にトレードを行なうこともあるので注意が必要だ。

って運用しているので、リスクを取るといってもそこには限界がある。とはいえ、リスクを取ること自体に対しては、比較的積極的な態度をみせる。インデックスをベースに運用してはいるものの、自分たちの判断でかなりのリスクを取って運用しているようだ。新聞の相場欄などを読むと、時々「リアルマネー」という表現が出てくると思うので、注意して読んでみていただきたい。

　また、日本人にとって馴染みが薄いものに、「カレンシー・オーバーレイ」という形態の運用機関がある。債券や株式に投資している投資家からすると、「為替の市場はちょっと特殊でよくわからない」という意見を頻繁に聞く。そこで、為替のリスクだけを別に切り分け、為替の専門家にアウトソーシングしてしまおうというのが、カレンシー・オーバーレイの基本的な仕組みである。彼らは、さまざまな機関投資家や輸出業者、あるいは輸入業者の為替リスクをまとめて面倒みているので、トータルでみるとかなり大きな取引金額になる。パレートパートナーズ、バークレイズ、ブリッジウォーターなどが代表的な大手だ。日本ではあまり知られていなかったが、最近になってようやく、年金基金などが一部利用するようになった。

　そして、最後にどうしても忘れてはならないものに中央銀行がある。中央銀行は「お金の番人」などといわれるように、どことなくお堅いイメージがある。たしかに日本銀行などは、金融市場の安定化や景気の維持のために政策を実施しており、そういう感想を抱く人が多いのも当然だ。ところが、世界中を見回してみると、同じ中央銀行の仲間

でも、すべてにおいて同じことが当てはまるとは限らない。先進国の中央銀行が取るスタンス、行動は、総じて日本銀行に近いものの、その他の国になると金儲けのためにトレードをしている中央銀行もあるくらいだ。

　かつてはマレーシアやシンガポールの中央銀行が、為替市場で大暴れしていた時期があった。トレーダーたちは彼らの動きを、固唾を呑んで見守ったものだ。また、新聞などで「中東マネー」という言葉が出てきたときは、その実体はたいがい中東の中央銀行を意味する。1995年に1ドル＝79円75銭という超円高が起こったが、その立役者も実はサウジアラビアなど中東の中央銀行だったといわれている。

　最近の市場でよく話題に上るのは、中国の中央銀行だ。彼らが通貨オプションを駆使して、為替市場を大きく動かしているというのは、トレーダーのなかでいまや常識となっている。東アジア、東南アジア、中東に加え、東欧の中央銀行なども積極的にトレードしているようだ。これらの国の中央銀行は、民間の銀行からトレーダーをヘッドハンティングして、運用体制を整えているという話もある。

　日本ではいささか考えにくい話ではあるが、海外では中央銀行がまさにスペキュレイター（投機家）として、外国為替市場で積極的に売買するケースもあるのだ。

第5章

トレード技術を知る（vol.1）

――相場観のつくり方

Build up market trading skills (vol.1)
――Forecast market trend.

ファンダメンタルズかテクニカルか？

　トレードをするに際しては、自分なりの相場観を身に付ける必要がある。相場観がなければ、どちらの方向に張ったらよいのかわからないのだから、当たり前のことだ。その相場観をつくっていくうえでは、ファンダメンタルズといって、経済動向や政治情勢などに注目する人もいれば、テクニカルといってチャート分析に頼る人もいる。この辺は、人それぞれだといってもいい。

　どちらが正しいのかと問われると、これまた困ってしまう。世間では、どうも二者択一を求める傾向が強く、したがってファンダメンタルズ派とテクニカル派の論争が起こりがちだ。ファンダメンタルズ派はテクニカル派のことを「オカルト」と称し、テクニカル派は「経済動向も政治情勢もすべて値動きに織り込まれているのだから、ファンダメンタルズ分析は不要」と切り捨てる。

　実際にトレーディングするに際しては、「その両方が必要」だと考えておいたほうがいいだろう。相場の状況に応じて、両者を併用していく。そうしたほうが、より的確に自分の相場観を組み立てられるはずだ。

　たとえば、相場が歴史的な転換点を迎えているようなときは、テクニカル分析、とりわけオシレーター系のものはほとんど役に立たない。

両国の経済格差が明確に変わってきたり、あるいは米国が為替政策を大きく変えてきたりしたときなどがこれに相当する。ファンダメンタルズが大きな転換点を迎えたときは、言い換えれば、ファンダメンタルズに基づく方向性に"確信"があるときには、勝手に相場がどんどん動いていくのである。このような相場展開のときは、テクニカル分析を用いたところで、「売られ過ぎ」あるいは「買われ過ぎ」というサインが出続けるだけで、そのサインに乗じてトレーディングをすると、むしろ大損をすることになってしまう。

したがって、ファンダメンタルズがすべてなどというつもりは毛頭ないが、最初に見るべきものはファンダメンタルズだということは、いえると思う。ヘッジファンドにしても、その他の機関投資家にしても、大きく資金を動かすときにチャートだけを見て判断を下している人など、あまりいないものだ。

なかには、前述したモデルファンドのように、オシレーター系のテクニカル分析を用いて売り買いの判断を下している連中もいるが、それはどちらかといえば、あまり大きく動かないマーケットで短期的な売買を繰り返し、少しずつリターンを積み上げていくという戦略を求められるときに活躍するタイプのシステムであり、相場が一方向に大きく動くのを捉えるためのシステムではない。そこは、ヘッジファンドも使い分けをしている。

私自身も、まずはファンダメンタルズに注目する。つまり、いちばん影響力のある人がファンダメンタルズを見てお金を動かすのだか

ら、それを見ることは不可欠だということだ。経済情勢や為替政策、政治状況などを総合的に見て、どういうストーリーを組み立てるかを考える。そのプロセスのなかで、この相場は果てしなくどんどん上がる（もしくは下がる）という判断がつくのであれば、チャートは無視してしまう。

ただ、いつまでもどんどん上がり続ける（下がり続ける）相場などはありえない。上昇するにしても下落するにしても、どこかの段階で必ず限界がくる。限界に近づくと、値動きはトレンドが消えて乱高下を始めることが多い。そしてその後、いわゆるボックス相場に近い状況になるときもある。

テクニカル分析は本来、どこでエントリーするか、どこで抜けるかなどを考えるときの武器として使うものだが、「相場にテーマがない」ときもかなり使える手法である。

テクニカル分析といってもいろいろな種類があるが、自分で最も得意とするものを2つ、3つくらいもっておけば、十分に対応することができる。相場が細かく上下動を繰り返すなかで、売られ過ぎ、買わ

POINT

ファンダメンタルズとテクニカルは「両方が必要」である。しかし、まず考えるべきはファンダメンタルズだ。ファンダメンタルズに強いテーマがあるときは、相場はテクニカルなど無視してひとつの方向にどんどん進む。これに対して、ファンダメンタルズに強いテーマがないときは、テクニカルが効果を発揮しやすい。

為替相場の力学のイメージ

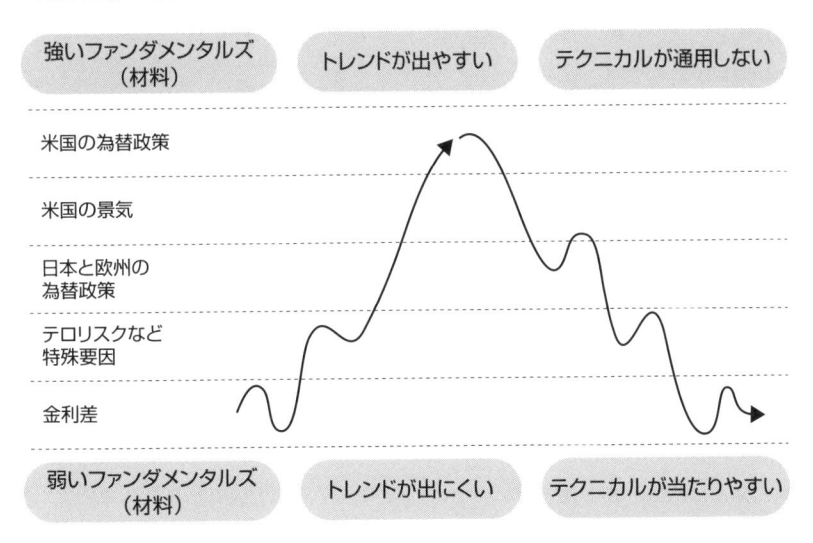

| 強いファンダメンタルズ（材料） | トレンドが出やすい | テクニカルが通用しない |

- 米国の為替政策
- 米国の景気
- 日本と欧州の為替政策
- テロリスクなど特殊要因
- 金利差

| 弱いファンダメンタルズ（材料） | トレンドが出にくい | テクニカルが当たりやすい |

れ過ぎを判断しながら、トレードをしていけばいい。

　加えて、テクニカル分析にはある種、精神安定剤的な効果がある。とくに過去の値動きを時系列で示すチャートは、いわば地図のようなものだ。買うにしても売るにしても、自分自身がいま、どこの位置にいるのかを把握することが、精神的な支えになってくる。

　マーケットは常に不安定なものなので、自分の位置が確認できないと、非常に不安になってくる。チャートを見れば、「ああ、この辺でエントリーしたんだ」とか、「この辺の水準を切ってきたら危ないかな」とかいうように、明確な論拠はないにせよ、ビジュアルで自分の位置を確認できるというのは、やはり精神的な安定につながってくる。その意味で、チャートをはじめとするテクニカル分析を無視することはできない。

ただ、往々にしてテクニカル派を自認する人に見られるように、「チャートにはすべての要因が織り込まれているから、チャートだけ見ておけば十分だ」ということにはならない。冒頭でも触れたように、むしろチャートが示さないような動きのほうが、大きく儲けるうえでは重要になってくるからだ。

　以上をまとめておくと、テクニカルが効果を発揮するのは、マーケットにおいて仕掛けるテーマがはっきりしないとき、あるいはトレンドがしっかり形成されていないとき、ということになる。逆に、トレンドさえしっかり形成されていれば、チャートはとくに見なくてもいい。ヘッジファンドなども、テーマがないときは短期売買に徹し、それこそ2日、3日くらいで売り買いを頻繁にひっくり返すことがあるが、トレンドさえきちっと形成されれば、3カ月や半年程度は、ずっとポジションを維持し続けることがある。そして、その間はマーケットもひとつの方向でどんどん動いていく。
　相場展開に応じて、ファンダメンタルズとテクニカルの使い分けをする。あくまでも両者は、マーケットを分析するうえで両輪であるということを、まず頭に入れておくべきだろう。

相手の心理の読み方

　ファンダメンタルズ分析やテクニカル分析も大事だが、それとともに、自分の周りにいる人間の心理、行動をウォッチするのも、投資判断を下すうえで役に立つ。

　ディーラーだった当時は、自分だけでなく周りの人間がもっているポジションもチェックしていたが、たとえばテクニカル分析で高値のサインが出ると、大体自分の周りにいる人間10人のうち8人くらいが同じような行動を取っているもので、これが結構参考になったのだ。たとえば10人中8人が買っているときは、大体が高値近辺であり、「そろそろやばいかな」と思っていると、反落に転じる。

　これは、なかなか普通の人が見つけるのはむずかしいが、たとえばいま流行のＦＸ（外国為替保証金取引）などで同じようにトレーディングしている人たちと情報交換をしていると、必ずネガティブ・インジケーターになる人間がいるものだ。どういうことかというと、その人が買いに動くと、相場は大体終わるといった指標になる人のことだ。したがって、その人が買いに動き始めたら、自分は売りに回るようにすればよい。

　ネガティブ・インジケーターになる人というのは、「きわめて常識的で、普通の感覚をもっている人」が多い。パレートの法則ではない

が、マーケットでは２割の人間が８割の収益を稼いでいるといわれている。つまり、８割の人間はあくまでも大衆であって、この人たちは往々にして相場の動きに左右される。そして、残りの２割が勝ち組で、要はちょっと気が利いた人でもある。相場の世界では、最終的に大衆がババを掴まされることになるので、常識的かつ普通の感覚をもった人を１人見つけておけば、その人をネガティブ・インジケーターとして、自分の売り買いのサインにすればいいのだ。

　もちろん、一般の投資家でも、自分で投資仲間を積極的につくり、その一人ひとりの行動パターンを観察することによって、ネガティブ・インジケーターになる人を見つけることができる。

　私がディーラーだった当時、10人、20人という部下がいたが、彼らの行動をウォッチしていると、相場の局面、局面で判断を下さなければならないときに、いろいろと参考になることが多かった。「ああ、あいつが出てきちゃったから、そろそろ相場も終わりだな」というようにだ。本当に優秀な人間は、自分自身を変えていくことができるので、同じ失敗を繰り返さないようになっていく。でも、そういう人は

POINT

たとえば自分の周囲でＦＸ（外国為替保証金取引）などをしている人のなかから、「きわめて常識的で、普通の感覚をもっている人」をネガティブ・インジケーターとして見るといい。その人が買うころには相場の上昇は終焉に近く、その人が売るころには相場の下落は終焉に近い、ということが大半だからだ。

非常に限られており、多くの人は同じ失敗を繰り返すものだ。したがって、自分の周りの人間がどういう状況のときにどういう行動を取ったのかということを、時系列で観察し、覚えておくとよい。

このように、まずは自分の周りで、自分の目で観察できる範囲のなかで、相手の行動や心理状態をチェックする習慣をつけるようにするといいだろう。

相手の心理を読むためのもうひとつの方法は、相手の気持ちになって考えるということだ。別に投資仲間がいなかったとしても、架空の相手を想定して、こういう相場展開のときに、相手はどう考えているのかをイメージするのである。

人間は大体において、自分を中心に物事を考えがちである。したがって、自分が買いに動いたり、あるいは売りに転じたりした場合、自分の判断がすべてになってしまい、相手がどう考えているのかということまで、思慮がおよばなくなってしまう。1ドル＝110円でドル買いに動いたら、1ドル＝110円のドル買いという行動を、正当化したくなるものなのだ。でも、実際にはマーケットにはその他大勢の投資家が参加しており、その人たちからすれば、1ドル＝110円は売りだと判断しているのかもしれない。

相場がどんどん下落している最中に、「自分はもっと高いところを売っているのだけれども、自分よりも下の値段で売っている連中からすれば、持ち値が悪いだけにきついわな」というように考えられれば、なかなかのものだ。

群集心理のパターンを覚えておくのもいいだろう。とくに日本人は、「赤信号、みなで渡れば怖くない」という感覚が強く、みなが買いだといえば、本当に買いだと思う傾向が見られる。

　そもそも投資行動と相場の動きを分解してみれば、まずは本当のプロ中のプロだけが、自分たちでしか知りえない情報を元に取引を始め、そこで値動きが顕在化してくると、次の投資家が相場に参戦してくる。そこから徐々に、投資の成功ストーリーが出来てきて、それが騒がれだすようになる。そうなると、大衆投資家が一気に流れ込んできて、相場は一気に過熱感を高めていくのである。

　だから、こういう状況になったら、「周りが熱くなり過ぎているから、そろそろやばいな」と思えるようになることが肝心だ。そこまでの感覚が身に付いてくれば、もう一流といってもいいだろう。言い換えれば、常に自分自身を客観視できるかどうかがカギともいえる。これができるか否かで、勝敗が変わってくるものなのだ。

相場観をつくるための情報入手術

　最近では、為替に関連した情報も増えてきた。証券会社や銀行もレポートを作成して、店頭などで顧客に配布したり、あるいはインターネットを通じて見ることができるようにしている。とくにインターネットが普及するようになってからは、個人でもかなり質の高い情報を、比較的簡単に入手できるようになってきた。

　これまで、プロ（およびセミプロ）と個人を分ける大きな違いは、入手できる情報の質だったことは、疑いのない事実だ。やはり、常にマーケットに張り付いているプロは、それなりの情報ルートをもっている。周りにも、積極的にトレードしている人たちがたくさんいるので、そういう人たちとの情報交換も、役に立つことが多い。

　前述したように、為替相場に関連する情報は、やはり銀行がいちばんたくさんもっている。ヘッジファンドや機関投資家、実需筋が銀行を通じて取引の注文を出してくるため、どういう連中が、どのような投資行動を取っているのかが、銀行のなかにいるとすぐにわかるものなのだ。

　したがって、ディーラーのようなプロに加え、こうした銀行と大きな金額で取引している顧客は、プロのあいだで交わされているような質の高い情報に接することができた。個人では、なかなかこの手の情報に接するのはむずかしい。これがいままでの状況だ。

しかし、最近はインターネットを通じて、プロ向けに近い情報も発信されている。もちろん、コンフィデンシャル（機密）の問題があるので、すべてのプロ向け情報が流れているわけではない。とはいえ、それに近い情報は、比較的容易に入手できる環境が整ってきた。

　情報収集といっても、ただ闇雲に取ればいいというものではない。ある程度、自分で整理したうえで情報を集めることが肝心だ。とにかく何でも情報を集めようとすると、時間の無駄になるケースが多い。

　必要な情報は、大きく2つの種類に分かれる。

　ひとつはマーケットのいまを知るための情報。そしてもうひとつが、実際にそのマーケットでの取引に参加している人たちが発信している情報だ。

　前者については、銀行や証券会社、あるいは仲介業者など、いろいろなところが「本日のマーケット動向」などと称したレポートを出している。これはインターネットで簡単に取ることができる。いろいろな金融機関のサイトをチェックして、自分が最も使いやすい、もしくはわかりやすいものを選べばいいだろう。

　この手の情報は、スポーツ番組などで、プロ野球のニュースを見て

POINT
情報は闇雲に集めればかえって迷いを生むだけだ。集めるべきは為替相場に関連する「事実」と、相場の近くにいる人の「感覚」だ。前者はニュースを見ればいい。後者については、インターネットなどで"ホンモノ"をいくつか選んで仕入れればいい。

いるのと同じようなものだ。つまり、どのチャンネルに合わせても、流れている情報には大した差はない。極端にいえば、どれを見ても同じである。

　したがって、こうした情報を複数媒体から取る必要はない。あらかじめひとつだけを決めておき、それだけを継続的にチェックしておけば、日々の相場展開の概略を把握することができる。正直、どれを読んでも中身は大差がないので、とにかくひとつに絞り込むことをお勧めする。

　一方、本当にお勧めしたい情報は、後者のほうだ。実際にトレードに参加している人たちの情報を取ることによって、マーケットの見方というものを把握することができるからだ。どうやってこの手の情報を取ればいいのかという問題はあるが、最近は外資系金融機関のディーラーなども、匿名ではあるが自分自身のホームページやブログなどをつくったりして、トレード日記のようなものをつけていることがある。もちろん、それほど大した情報が掲載されているわけではないが、実際にトレードをしている人が書いているのだから、臨場感がある。多少、マーケットの現実に近いところに立ち会うことができるという意味で、この手の情報は積極的にチェックしてみたほうがいいだろう。

価値のある情報とは何か

　前項で、実際にトレードしている人たちの情報を取ることが大事であると書いたが、問題は、本当に価値のある情報かどうかを見抜くことができるかどうかである。

　インターネットでいろいろなホームページを見ていると、それこそ愚にもつかないようなものもある。「今日はこれを買いました」「今度はこれを売ってみたいと思います」というようなものだ。まぁ、世の中の人がどんなことをやっているのかを知るにはいいと思うが、それ以上の効果はなさそうである。また、マネー雑誌などにある、にわか投資家が書いた文章なども、何の価値もないといってもいい。

　市場には、必ずビッグプレイヤーがいる。これは為替に限らず、株式でも同じことだ。とくに企業の財務内容について把握していないような人間が、これを売った、あれを買ったといった文章を読んでも意味がない。大事なことは、きちっと企業の財務内容を把握し、それと株価を照らし合わせて、割安なものは買う、割高なものは売るというようにして、適正な株価形成に寄与しているような人たちが書いている文章を読んで勉強することである。結局、このような投資家が、最終的に株価を決定させているからだ。

　為替にしても、マーケットのことを熟知している人が相場を動かし

ている。これは厳然たる事実だ。この手の人たちは、何も考えずに闇雲に為替のトレードをしているのではなく、きちっと自分なりのテーマをもって取引に参加している。そして、こういう人たちの集合体が、最終的に為替レートを決めているのだ。

つまり、きちんと市場のことを理解している人が、いま何を考え、次にどういう行動を起こそうと考えているのかという情報に触れない限り、自分自身で相場の動向を予測することなどできないと考えていいだろう。

だからこそ、実際に市場での売買に参加しているディーラーなどが書いているホームページを探すことが大事になってくる。また現役のディーラーでなかったとしても、退職後も仲間内から情報を得て、個人的に取引に参加している投資家のホームページやブログなども、いまの為替市場で起こっていることをビビッドに把握するためには、役に立つだろう。

こうした情報を入手できる環境ができたら、あとは自分なりに世の中で起こっている現象について、最低限の知識を身に付けることだ。政治、経済、金融といった情報は、新聞などで簡単に入手できる。マーケットに参加している人たちが、いま何を考えているのかという情報を得ることも大事だが、それとともに、世の中が将来、どのように

> **POINT**
> 評論家などが語る為替予測には意味がない。実際に売買に参加しているディーラーや、その周囲にいる関係者が発する情報を探すべし。

変わっていくのかという大きな方向性も、ある程度は理解しておいたほうがいい。

そのなかには、将来的に中国元がどのように自由化されていくのかというテーマもあるだろうし、ユーロの存続がどうなっていくのかといったテーマもあるだろう。また、いまはまだそれほど騒がれていないけれども、将来、必ず大きなニュースネタになるだろうと思われるようなことを、いくつか自分の頭のなかにインプットしておけば、取引する際に必ず役に立つ。そして、あらかじめ仕込んでおいた小さなネタが、どこかの段階で大きくなるような気配が感じられたら、それと同時にアクションを起こせばいいのだ。

相場観は連想ゲーム

　結局、マーケットの予測をするという行為は、連想ゲームに限りなく近いものがある。

　たとえば株式であれば、ある企業が新製品や新サービスを開発したとしよう。それによって世の中がこう変わる、このように役立つことになる、だから株価も上がるだろうというように考えていく。これは、連想ゲームそのものだ。為替も同じだ。

　ひとつの例を出してみる。

　いま日本は800兆円規模の財政赤字を抱えている。近い将来には1000兆円の大台に乗せるだろう。いまの財政赤字の規模であれば、日本の個人金融資産が1400兆円もあるのだから、十分にファイナンスをすることができる。しかし、日本の個人貯蓄率は年々低下傾向をたどっており、一方で財政赤字の規模は膨らむばかり。そのうち、個人金融資産の額と財政赤字の額が逆転することも十分に考えられる。

　そうなったとき、為替レートにはどのような影響が出てくるのだろうか。少なくとも、両者の関係が逆転したら、「大丈夫」などとは言っていられなくなる。円は売られ、いま以上の円安水準になる可能性が高い。だから、中長期的に考えれば、やはり円安を意識しておいたほうがいいだろう——といった具合だ。

このように、連想ゲームの感覚で世の中に起こっている現象を考えていけば、しっかりした相場予測を立てることができるのだ。
　ただし、いくら連想ゲームで相場予測が立てられたからといって、すぐにアクションを起こせばいいというものではない。早耳の早倒れという言葉もある。たしかに、大きく儲けるためには、他の誰よりも早めにアクションを起こし、他の人間がそれに気付いて動き始めたら、静かにポジションを閉じていき、利益を確定させることが肝心である。
　それは事実だが、だからといって早めにアクションを起こし過ぎると、いくら待っても自分の思いどおりに相場が動かずにじれることになる。何事も、物事には順序があって、いくら日本の財政赤字が将来懸念される状態になり、円売りにつながる可能性が高いといっても、すぐに円が売られるというものではない。その前に、目先のネタによって円が買われることもある。早めにアクションを起こす必要があるといっても、それはあくまでも話題に上り始めたところで行なえばいいのだ。

　大体、相場が仕掛けられるときというのは、予兆があるものである。初めのうちは、ポツポツと話題になる程度だが、そのうち大きな話題になってくる。マスコミがこぞって話題にするころになると、もう相

POINT
相場観は連想ゲーム。ただし、それに基づいてトレードするときは、早すぎても遅すぎてもいけない。準備をしてじっと待ちかまえ、「ポツポツと話題になり始めたとき」に躊躇なく行動することが大切だ。

場が大きく動いている可能性が高いので、そこで動いても何の意味もない。したがって、ベストな仕掛けのポイントは「ポツポツと話題になるころ」である。

どうやったら、その予兆に気付くことができるかということだが、これは、日々このような連想ゲームを行なっていると、自然のうちに気付くことができるようになる。自分の頭のなかでシナリオを描いていれば、何か小さな噂が出てきたときに、「アッ」と気付くことができるのである。そうしたら、即アクションを起こせばいい。

相場観などというと、何やら非常に大げさなもので、それを会得するためにはさまざまな奥義があるかのように思う人も多いが、実際には連想ゲームの感覚で、世の中に起こっているさまざまな現象を見ていくような習慣を身に付ければいいだけの話である。

大事なことは、とにかく継続すること。何事も継続さえすれば、そのうち身に付いていくものなのだ。それは「相場観」とて同じことである。

相場に影響をおよぼす経済指標

　相場観を身に付けるにはさほど苦労はしないが、ここで多少、お勉強的な解説を加えておこう。相場を動かすのは人なので、人間心理学を把握しておく必要がある。これは前述したとおりだ。

　では、人間の心理を動かすのは何か。やはり、相場を方向付ける材料が必要になってくる。そして、為替相場を動かす材料として最も大きいのは、米国の動向だ。為替政策の変更が最も大きな影響をおよぼすが、その次に見るべきは、米国の景気（ファンダメンタルズ）である。そこで、米国が発表している経済指標のうち、あまり重要でないものは思い切って省略して、「これだけ見ておけば安心」というものを厳選して紹介してみよう。

　ここでは各指標の重要度に合わせてランクをつけているので、相場の動きと付き合わせながらチェックしてもらいたい。

　ちなみにランキングは次のようにした。

- **Ⓐ**：とても重要……相場に大きな影響がある
- **Ⓑ**：重要……時々、相場を動かすときがある
- **Ⓒ**：参考程度……気が向いたらチェックする

　このうちランクⒶの指標については必ずチェックすること。世界の投機家が注目しているからだ。

1　国の収支に関するもの

　国の収支といえば経常収支と財政収支の2つだが、このうち重要なのはたったのひとつである。

☆貿易収支（ランク❹）……毎月月末にその前の月の分を発表

　経常収支といわれるもののなかには貿易収支、貿易外収支、移転収支があるが、為替のマーケットで話題に上るのは貿易収支だけだ。

　アメリカの赤字問題が市場で話題になっているときは、とくに注目度が大きくアップするので注意するべきだろう。

　ちなみに財政収支も毎月発表されているが、これは中期的なテーマとして扱われるものの、指標が発表されても市場はあまり反応しない。1年に1回ぐらい傾向を見ておく程度で十分だ。ランキングとしては❻である。

2　雇用に関するもの

☆雇用統計（ランク❹）……通常毎月第1金曜日に発表

　失業率、労働時間、賃金など、雇用に関連するさまざまな指標が発表される。このうち最も大事な指標は、非農業部門雇用者数だ。これは、農業に携わっている以外の人が、どれぐらい職に就けているのかを示すもので、その前の月よりどのくらい増えているのかに注目する。いま為替市場で最も注目されている指標だ。雇用情勢が市場予測よりも悪ければドル売り要因になり、逆に良いときにはドル買い要因になる傾向が見られる。

☆新規失業保険受給申請者数（ランク❻）……毎週木曜日に発表

　アメリカ全国で、1週間に新しく失業保険を申請した人の数。失

保険を申請する人が増えるほど景気が悪化している証拠になるため、景気動向を把握するのにとても信頼性が高いといわれている。普段はあまり注目されないが、雇用問題が市場の話題になると、急に注目されるケースがあるので要注意。

3　消費に関わるもの

アメリカの消費動向は「車」と「家」が売れているかどうかを見ればわかる。

☆小売売上高（ランク❸）……毎月中旬に先月分を発表

小売の動向は消費と表裏一体である。この指標は結構いい加減で、予想値から大きくずれたり、頻繁に修正されることがあるにもかかわらず、金利市場が大きく反応する。その影響で為替も動くことがあるので注意して見ておこう。ちなみに、小売売上高のうち、いちばん大きなウエイトを占めるのは車の売行きである。

☆住宅着工件数（ランク❸）……毎月16～19日に先月分を発表

住宅の売上げはアメリカ人の消費意欲をよく表している。金利が上昇し始めると、高い金利を借りて家を買うことを嫌がり、しばらくしてから件数が減少傾向をたどる。「たかが住宅」と思うかもしれないが、意外と相場を大きく動かすので注意が必要。

4　物価に関わるもの

この指標は、市場参加者がそのとき、何に関心をもっているかによって、市場の反応が変わる。

金利差に注目しているときは、物価上昇を示す数字が出ると、米金

利の上昇によって投資メリットが高まるという理屈からドルが買われる。ところがインフレの問題が米国経済にマイナスの影響をおよぼすといった話題が広まっているときは、インフレの進行によってお金の価値が相対的に下落するという理屈によって、ドルが売られる。同じ金利上昇でも、インフレが問題視されているかどうかによって、市場参加者の受け止め方が大きく違ってくるので注意が必要だ。

☆生産者物価指数（ランク❸）……毎月中旬に先月分を発表

　生産者が、製造したものをいくらで売ったかを示す指標で、通常「ＰＰＩ」といわれる。

　一般的には、消費者物価指数のほうが相場に与える影響が大きいと説明されるケースが多いようだが、私の経験上では、生産者物価指数も同じぐらい大きな影響をおよぼすように思う。

☆消費者物価指数（ランク❸）……毎月中旬に先月分を発表

　消費者が買うモノの値段が高くなっているか、安くなっているかを示す指標。通常「ＣＰＩ」といわれる。ＣＰＩは商品とサービスの両方を含むのに対してＰＰＩはたんに商品だけを対象にしているという違いがあるので、両方とも重要な指標である。

5　国の経済全体を見るもの

☆ＧＤＰ（ランク❹）……３カ月ごとに発表

　日本語でいうと国内総生産。国家全体でどれぐらいの経済活動があったかを示すもので、四半期毎の数字が発表される。アメリカの四半期とは１～３月、４～６月、７～９月、10～12月の４期のこと。それぞれについて速報値、改定値、確定値と、３回発表されるが、なかで

も大事な数字は速報値だ。速報値は1、4、7、10月の月末に発表され、相場にも大きな影響をおよぼすので要チェックである。基本は、予想より強ければドル買い、弱ければドル売りになる。

☆ISM製造業景況指数（ランク❸）……毎月第1営業日に発表

　製造業を中心とした経営者の景況感や企業活動が示される指数。米国の経済指標のなかでも最初に発表されるため、注目度が高い。米国金利がこの指標に敏感に反応するので、為替相場にも時々影響がでることがある。

　以上本当に重要な指標だけをピックアップしてみた。時間のない方も、せめてランク❹をつけた指標だけはチェックするようにしてもらいたい。それとともに、発表された経済指標については、それ自体が重要というよりも、事前の予想値に対して高かったか、それとも低かったかが、相場に大きな影響をおよぼすということも、覚えておくといいだろう。

POINT

　米国の景気指標（ファンダメンタルズ）のなかでは、貿易収支、雇用統計、ＧＤＰにとくに注目しよう。

日本の経済指標はどのくらい大事か

　私たち日本人がトレードをするとき、その多くは対円での取引になる。そうであれば、やはり日本の経済指標にも注意するのが当然だと考えるだろう。

　しかし、実際には世界規模で行なわれている為替相場においては日本の経済指標が影響を与えるケースは、実はほとんどない。ただ、そうはいっても、多少は影響力のある指標もあるので、ここで簡単に紹介しておこう。

　まずは日銀短観だ。日本銀行が四半期に一度発表するもので、正式名称は「主要企業短期経済観測調査」という。全国の民間企業約１万社に日本銀行が直接調査を行ない、景況感や設備投資計画などをヒアリングする。毎年３、６、９、12月に調査を実施し、翌月の４、７、10月の初旬と12月の中旬に発表される。

　数多くの調査項目があるが、そのなかでも市場が注目しているのは、「業況判断ＤＩ」と呼ばれるもので、とくに「主要企業製造業の業況判断ＤＩ」が重要になってくる。

　これは、自分が経営している会社の業況について強気な見方をしている人が、弱気の見方をしている人に比べて、多いか少ないかを示すものだ。この数字が予想より強ければ円高、弱ければ円安になりやす

い。

　日銀短観は日銀が直接調査を実施するため、回答率がきわめて高く、信頼性も高いということで、市場関係者の注目度も高い経済指標のひとつである。

　もうひとつはＧＤＰだ。あらためて説明するまでもないと思うが、要は国内総生産のこと。四半期毎に発表されている。１次速報、２次速報、確定値と発表されるが、重要なのは１次速報だ。１次速報は２カ月後の中旬に発表される。たとえば、2005年１〜３月期の１次速報は５月17日に発表されたという具合にだ。この数値が、予想よりも強ければ円高、弱ければ円安になる。

　その他の指標については、普段はあまり市場も反応しないため、基本的に気にする必要はない。ただし、相場を動かすネタに欠ける場合などは、時々、市場参加者の注目が日本に集まることがある。
　たとえばいま、日本銀行は数年間にわたってゼロ金利政策を継続している。しかし、永遠に金利をゼロにしておくといったことは考えにくい。いつか金利は上昇局面に入るだろう。そこで、日本がいよいよゼロ金利政策を解除するという観測が浮上したときには、それをネタ

POINT
日本の景気指標（ファンダメンタルズ）は、実は為替相場においてはほとんど注目されていない。日銀短観とＧＤＰぐらいを少し意識しておけば十分である。

にして、円相場が大きく動くはずだ。

　日本銀行が金利引上げを決断する際には、さまざまな経済指標を見て判断することになる。すると、市場参加者は日本の経済指標に注目し始める。物価動向を示す物価指数や、消費動向の指標などの注目度もアップする。雇用関係も重要だ。

　このように、市場参加者が日本のマーケットに注目し始めたとき、日本の経済指標の重要度が増して、ヨーロッパの人たちも夜中に眠い目をこすりながら注目するようになる。ただし、それ以外のときはあまり注目されない。最近は日銀短観やＧＤＰの数字でさえも、せいぜい数十銭程度の動きにしかつながらないのが実態だ。

要人発言は相場に影響を与えるか？

　為替相場は、いろいろな国の重要人物によるちょっとした発言で大きく動くことがよくある。

　まず、発言の内容としては、それまでと違ったことを言い出したときが最も重要だ。

　たとえばドル安が続いているときに、米国要人がこれまで「為替相場は市場に任せる」と発言していたのに、ある日突然、「必要とあれば対応が必要だ」などと発言の方向を変えてきたら大事になる。発言と同時にドルは急騰するだろう。したがって、同一人物の発言内容の変化には、十分な注意が必要になる。

　誰の発言を押さえるべきかといえば、まずは各国の為替政策を決めている人の発言になる。米国でいえば、財務長官や財務次官だ。米国の為替政策は、この２人がキーマンになる。また回数としてはきわめて少ないものの、大統領やホワイトハウスの報道官が為替について発言したときは、その裏に政治的な意図が隠されていることが多いので、要注意である。「人の発言には隠された意図がある」ことを覚えておこう。

　一般的に政治家は言葉を操るのが仕事なので、表現には細心の注意を払う。「また馬鹿なことを言ってるよ」などと政治家の発言を無視

するケースもあるが、それは三流の政治家に対してだけだ。基本的には必ず、何らかの目的をもって発言をする。とくに大統領は、基本的に為替に関する話題を取り上げることはあまりないので、為替に関わる話題に触れてきたときには、注意を払う必要がある。

　日本では、財務大臣、財務省の財務官、財務省国際局長がキーマンだ。財務大臣以外の政治家の発言は、個人的な意見が多いので気にする必要はない。

　ところで日米両国とも、中央銀行は為替政策に直接的な関与はあまりしていない。中央銀行は、あくまでも金融政策（金利をいくらにしておくか）を専門的に管理している。したがって、アメリカの中央銀行総裁や日本銀行の総裁が為替相場の話題に触れてきたとしても、それほど心配する必要はないだろう。

　速水前日銀総裁は、誤解を恐れずにいえば円高が大好きな人であり、何か発言するたびに「円高になるべき」と繰り返し、話題になったことがある。しかし、これも個人的な意見という面が強かった。いささか極端な発言だったので、最初のころは市場も円高の反応を見せていたが、任期後半ともなると市場も反応しなくなった。

　また欧州では、ＥＣＢ（中央銀行）関係者の発言に注意する必要が

POINT

為替相場に影響を与える「要人の発言」の代表は、米国の財務長官と財務次官だ。日本では財務大臣と財務官、財務省の国際局長がキーマンだ。彼らの発言内容が、「これまでの流れと変わってきたとき」には重く受け止めたほうがいい。

ある。金利動向で為替がよく動く国（一般的に金利が高い国）である英国、豪州、ニュージーランドなども、中央銀行関係者の発言がとても重要になってくる。

その他、政策関係者以外にも、その発言に注意すべき人たちがいる。有名な投資家、各国金融当局のOB、著名エコノミスト、あるいは著名コラムニストなどだ。これも時代によって流行り廃りがあり、影響力のある人は変わっていく。盛者必衰ということなのだろう。

あくまでも「いま」に限定すれば、米国の著名投資家ウォーレン・バフェット氏の発言には、市場関係者も大いに注目している。彼はマイクロソフト会長のビル・ゲイツ氏と肩を並べる大金持ちだ。また、最近はやや影響力が落ちてきたが、ヘッジファンドの運用者として有名になったジョージ・ソロス氏の発言も注目されている。ジョージ・ソロスとともにファンドの運用に携わったジム・ロジャーズ氏も有名だ。

第5章　トレード技術を知る（vol.1）──相場観のつくり方

市場も間違える

　あるニュースが出たり、事件が起きたとき、市場はまず感覚的に単純な方向に反応することがよく見られる。しかし、そのようなケースの大半は、後になって、実は逆の方向だということに気付くや否や、反対方向に大きく振れるということが起こる。「市場も間違えることがよくある」ということだ。

　90年代後半の日本で、複数の生命保険会社が相次いで破たんしたことがあった。このとき、市場では日本の金融危機が深刻化しているという見方のもと、最初は積極的に円売りを行なった。
　ところがふたを開けてみると、破たんに追い込まれた生命保険会社が資産を整理するため、海外の有価証券（債券や株式）に投資していた資金を日本に戻したことから、逆に円高へと振れてしまったのだ。
　また2005年に入り、米自動車メーカーであるＧＭ（ゼネラル・モータース）の業績が悪化し、米国の社債市場が混乱したことがある。社債市場に投資していた複数のヘッジファンドが破たんするのではないかという噂が流れ、ドル安だと大騒ぎになった。これは1998年にロシアで金融危機が起きたとき、ＬＴＣＭという有名なヘッジファンドが潰れかけて、そこに多額の融資をしていたアメリカの銀行も危ないと大騒ぎになった記憶が残っているからだ。

しかし、いまは銀行もリスク管理を強化しており、ヘッジファンドへの融資には慎重な態度で臨んでいるから、パニックにはなりにくい。

最近であれば逆に、ヘッジファンドが日本市場に巨額の資金を投資している可能性もある。ヘッジファンドは運用成績が悪化すると、解約も増えるし、リスクもあまり取れなくなるため、保有資産を整理しなければならない状況に追い込まれる。したがって日本市場に巨額の投資をしていた場合は、それらが売却され、資金が米国に戻ることから、円安へと向かうケースも考えられる。

したがって、ヘッジファンドが破たんという材料だけでは、相場がどちらに向かうかの判断はできない。

金利差の問題も同じだ。米国が金利を引き上げた結果、日本とアメリカの金利差が開いてドル高になるというロジックは一見正しそうだが、果たして本当だろうか。もし、これから金利差がドンドン開いていくのであれば、なぜいま投資しなければならないのだろうか。

預金にしろ債券にしろ、いま投資するよりも、もう少し待ってからのほうが、より高い金利で運用できる。つまりプロの投資家は、単に金利差が開いたからといって、すぐに投資するわけではない。それば

> **POINT**
> 材料に対する為替相場の反応は、ロジックどおりのこともあれば、その逆のときもある。また、ロジック自体が実は間違っているときもある。したがって、材料に対して実際にどういう動きが出るか（市場参加者が反応するか）をみてから動いたほうがいい。

かりか、逆に金利が上昇したことによって、景気が悪くなったり、株価が下がってしまったりというような、悪い影響が出てくる恐れもあるくらいである。つまり、金利差が拡大したからといって、すぐにドル買いにつながるという単純なものではないのだ。

私の記憶している限り、日米金利差でドル円に大きなトレンドができたケースはあまりないと思う。

しかし、実際にはロジックは正しくないとしても、それらしい理屈で相場を仕掛け、一儲けしたら自分だけさっさと売り抜けてしまうという参加者が、為替市場にはたくさんいるということだ。したがって、そういう連中の手練手管に騙されないことが肝心だ。

上げの材料だと思ったら、実は下げだったということは、為替市場で頻繁に起こる。なぜなら、実際のお金の流れは理屈で説明できるものではないからだ。企業なり、個人なりの相場観が、ある出来事からどのような影響を受け、その結果どういう行動を取るのかを考えるのが、相場観をつくるうえでは大事なのだ。

第6章

トレード技術を知る(vol.2)

――売買テクニックを磨く

Build up market trading skills (vol.2)
――Train trading skill & capability continuosly

長期投資か短期トレードか？

　具体的なトレードのやり方、技術について説明する前に整理しておかなければならないことがある。それは、どのようなスタイルで外貨の取引に臨もうと考えているのかである。
　自分が保有する資産の通貨リスクを分散させ、「長期」の投資対象として外貨を利用したいと考えている投資家もいるだろうし、その一方で、為替差益を狙って「短期」の売り買いに挑戦してみたいという人もいるだろう。あわよくば、為替のトレーディングで飯を食っていこうと考えている人もいるかもしれない。
　このようにスタンスは異なっても、前章で触れた相場観の立て方などの基本的なことは共通している。ただ、技術的な部分については若干違ってくる。

　為替相場の予想は、せいぜいできても数カ月先くらいまでと私は常に思っている。それ以上になると、予想の精度がかなり低くなってくるのだ。年初に雑誌などで、今年の相場予想といった記事が掲載されるが、正直なところかなり適当なものと考えていい。実は予想している本人も、自信がもてないまま取材に応じていることが多いのだ。来年の予想が出るころに思い出してもらいたいのだが、たいがいは「年央までドル高で後半にかけてはドル安」、あるいは「年前半はドル安

で後半はそれまでの修正でドル高に」などと書いてあるはずだ。どうなるかよくわからないため、このように「行って来い」の予想を立てざるを得ないというのが現実なのである。

アメリカの政権が変わり、為替政策が大きく転換したといったように、長期的に相場に大きな影響をおよぼすような出来事があれば話は別だが、そうでない限り、1年先の相場を見通すのは不可能と断定してもいいだろう。

そうなると、「長期」で為替に投資する場合、どうしても金利差を意識してトレードをせざるを得ない。日本の金利がゼロ％に近い状態が続けば、どこの国に投資したとしても、日本よりも高い金利が得られるはずなので、海外に目が向かうのも無理はない。そこで、ここ数年は外貨投資がブームになっている。この場合、投資スタンスとしては外貨の買いである。

2〜3年の期間で外貨に投資し、金利を稼ぐというスタイルをとることになる。あとはどのくらいの金利が得られるかということと、外貨に投資するタイミングだけを考えることになる。ただ、仮に金利差が5％もあったとしても、為替の値動きは年間で10％から20％に達するから、5％の金利差など、売買のタイミング次第では軽く吹き飛んでしまうことは念頭に置いておいたほうがいい。

一方、私のようなトレーダーになると、また投資の方法が変わってくる。たとえば私の場合、投資のサイクルは2、3日から、長く保有したとしても1カ月程度。もちろん強いトレンドが出れば、数カ月持つこともあるが、基本的には「短期」だ。

この場合、外貨の買いから入るだけでなく、売りから入ることにも抵抗感をもってはいけない。ということは、一般の人がもちがちな売りに対するアレルギーを取り除くことも必要だ。

為替市場では、市場参加者のあいだで話題に上るテーマが、数カ月ごとに変化していく。場合によっては、もっと早く変わってしまうこともある。「短期」でやるには、めまぐるしく変わる「相場のファッション」にも敏感でいる必要がある。もちろん、売買のタイミングや金額の設定など、技術的なノウハウも磨いていくことが肝心である。

ディトレーダーになるともっと極端だ。まず、日々の経済指標が発表された後の相場がどう変化するのかを、常に画面に張り付いてウォッチし続ける必要がある。とはいえ、一般の人がディトレードをする場合は、いくら張り付いて見ていたとしても、どうしても情報量に限界があるため、結局はテクニカル分析に頼らざるを得ないだろう。

このように、外貨投資にもさまざまなスタイルがあるが、この本では私のトレーダーとしての経験をもとに、数カ月のスパンで利益を得るためにはどういう技術が必要なのかという点を中心に、解説していきたいと思う。

> **POINT**
> 長期投資なら金利差狙いでタイミングよく買いポジションをもつ。一方、短期トレードならば買いも売りも行ない、相場のファッションに敏感でなければならない。勝利の方程式はひとつではないから、自分に合うやり方を会得することが大切だ。

相場では「入り口」が大事

　自分自身が剣道をやっているせいか、勝負ごとは何につけても「間合い」をどう取るかが大事であると、つくづく思う。

　たとえば「始め！」といわれた途端にパーンと打って出ると、その場で簡単に返されてしまうものだ。勝負は常に相手がいるものであり、自分だけでするものではない。したがって、自分の都合だけで打ち込むと、簡単に打ち返されることもある。

　トレードもこれと同じだ。ここに自分がいて、必ずマーケットには相手がいる。自分だけが上がった、下がったと考えているのではなく、マーケットに参戦しているその他大勢の投資家も自分と同じように、上がるか下がるかを考えているのだ。

　したがって、ただ闇雲に売り買いをすればいいというものではない。体勢をどう整え、タイミングをどう取るかが大事になってくる。

　剣道もそうだが、相手との間合いを計りながら、相手がどういう状況に入ったところで売買を仕掛けるのが最も効率が良いのかということを常に考えて、売り買いのタイミングを計っていくのである。とにかく、打っていけばいいなどと打ち込んでいくと、相手にいいようにもてあそばれてしまい、打ち返されて終わりということになってしまう。だからこそ、どういうタイミングで相場に入っていくかということが、何よりも大事になってくるのだ。

では、相手に打ち返されないようにするためには、どのようなことをすればいいのか。それこそいちばん大事なことは、準備をきちっと行なうことである。

　とくに私は、相場においては「入り口」が大切だと思っている。なぜなら、相場に入る前なら、客観的に状況をつかまえることができるからである。これに対して、相場に入ってしまえば、"当事者"になってしまい、どうしても状況を主観的に見てしまいがちになる。だからこそ、入る前に十分な準備をしておく必要があるのだ。

　何を準備すればいいのか。たとえば株式投資であれば、このように経済環境が変化するなかで、この業種が面白いのではないかと目算をたて、そのうえで、この業界内でいちばん面白そうなビジネスをやっている会社はどこかを見極め、そのうえで買いにいく。為替も同じで、いまの投資環境がこうなっているから、ドルが上がるのではないかというように、自分なりのシナリオを描いていく。

　シナリオを描いたら、次にチャートを見ていく。そして、自分がどの地点で仕掛けようとしているのかを考えるのだ。チャートを見れば、「ああ、これは行き過ぎているな」とか、「もうすでにみなが動いているから、いまから仕掛けても遅いな」ということがわかってくるはずだ。そして、もうすでに遅いなと思ったら、その時点で潔く仕掛ける

POINT
一度相場に入ってしまえば、どんなに経験を積んだ人でも主観的になってしまいがちだ。だからこそ、相場に入る前の、相場を客観的に見ることができるときに、十分に準備をしておく必要があるのだ。

のを諦めること。無理やりに仕掛けると、相場に跳ね返されることになる。

　もっとも、このように常に用意周到に準備を重ねていれば、「遅すぎた、もうだめだ」というようなことには、まずならない。恐らくは、まだ相場が本格的に動意づく前のはずだ。そうしたら、自分が取ろうと思っているポジションの動きを常にチェックしておく。そして、たとえばこれまでドル安が進んでいたのだけれども、ここに来てジワッとドルが上がり始めたというようなサインが見えてくる。そこで初めてマーケットにエントリーするのだ。ここまで準備してエントリーすれば、勝てる確率は一気に高まる。

　ただ、これは人間の弱いところでもあるが、トレードを繰り返すことが非常に面白く感じられることがある。相場が動くと心が躍る。だから、何も考えずに売り買いを繰り返してしまう。バクチで身を滅ぼす人が世の中にはたくさんいるが、それと同じ感覚だろう。

　しかも、売り買いを繰り返していると、本当は儲かっていないのに、何となく儲かった気になってしまう。ここが落とし穴だ。これは長期投資も短期投資も同じだが、大事なことは「やり過ぎない」こと。そのためにも、仕掛ける際には「入り口」が大事であるということを、肝に銘じておくべきなのである。

「出口」のルール

　買ったものは売る、売ったものは買い戻す。これをしなければ、トレードは終わらない。相場から出る、つまりエグジットを考えなければ、利益も損失も確定させることはできないのだから、一度相場に入ったら、どのようなタイミングで出ればいいのかを考えておく必要がある。

　どのようなタイミングでエグジットするかを考える場合、大事なことは必ずコストを含めてプランを立てることだ。為替取引に必要なコストは3つある。

　ひとつは売り買いのスプレッド。ＦＸ（外国為替保証金取引）などで提示されている為替レートは、2Wayプライスといって、外貨の売値と買値が同時に提示されていることに気付いているだろうか。たと

POINT

相場を張るときには、スプレッドと手数料のほかに「心理コスト」がかかる。心理コストとは「利益は早く確定したい、損失の確定は先送りにしたい」という、人間が本来的にもつ弱さからくる判断のタイミングのズレからくるコストである。ポジションを仕切るときには、意識してこのコストを抑えなければ、トータルで勝つことはできない。

えば「105.20―105.25」というようにだ。米ドルの場合、これは投資家の側から見れば「1ドル＝105円20銭でドルを売れる」「1ドル＝105円25銭でドルを買える」という意味になる。そして、両者の差額（スプレッド）である5銭が、ドルを売り買いするのに必要なコストになる。

次に為替手数料だ。これは外貨を売買するのに必要なコストで、FX（外国為替保証金取引）を扱う会社や銀行によって異なる。1ドルにつき10銭ですむところもあれば、外貨預金の場合だと1ドルにつき2円も取る場合もある。

基本的に取られるコストはこの2つだが、これに加えて、心理的コストというものがある。

これは何かというと、相場が上昇しているときは利食いを、相場が下落しているときは損切りをするわけだが、人間の心理として、利食いは早く、損切りは遅くなるケースが多い。

たとえばドルを買ったとしよう。そして、1ドル＝110円までドル高が進む相場があったとして、利食いをする場合はそれよりも手前の、たとえば1ドル＝108円で利食ってしまうのが普通だ。

またこれとは逆に損切りをする場合だが、1ドル＝105円で損切りの売りを出せばいいのに、そこで判断に遅れが生じてしまい、結局、1ドル＝103円で損切りの売りを出すことになってしまうようなことが多い。

これは非常に微妙なところだが、人間は誰しも早めに利益を確定させたいと考えるようだ。このまま持ち続けていれば、さらにドルが上

昇するかも知れないが、でもいきなりドルが下落に転じるリスクもないとはいえない。だったら、早めに利食いをして、安心したいという心理が作用するのだろう。また損切りの場合は、ひょっとしたら再びドルが上昇に転じて、少しでも損失が小さくなるかもしれない、上手く行けば利益に転じるかもしれないなどと、根拠のない期待感が高まって、どうしても損切りのタイミングが遅れがちになるのだと思う。

このように、「判断のタイミングのずれによって生じるコスト」のことを、心理的コストと私は呼んでいる。

さて、このようなコストがある以上、勝ち負けが五分五分の勝負をしていると、結局のところは負けてしまうことにもなりかねない。勝率5割、6割でも金額ベースで勝てるようなトレードをするためには、儲けの金額を、損失額の3倍以上に設定しないと、勝つことができない。とくに負けたとき、ロスカットすることは大事なことだが、損失額を小さく抑えることが大事だといわれるのは、コストの問題があるからだ。

勝率でいうと、実際にトレードをしていて、7割の勝率を上げられる人は、これはもうよほどの天才で、神様から何か才能をもらったような人でなければ無理である。やはり勝率はどんなに頑張ったところで、5割から6割がせいぜいだ。その勝率で、しかもコストを負担したうえで儲けるためには、勝てる相場では大きく儲けるようにして、損は最小限に抑えるような「出口」の工夫をすることが肝心なのである。

順張りか逆張りか？

　へそ曲がりな人になると、相場が上昇局面のときに売り、相場が下落局面のときには買いをしたがる。こういう人は結構いるものだが、実はこれは非常に危険な行為であると考えたほうがいい。
　というのも、いちばん儲かる相場展開とは、一本調子に上昇する、もしくは下落する相場だからだ。相場は一度、勢いに乗ると、止めどころもなくどんどん行ってしまうものである。この流れに乗らない限り、相場で大きく儲けることはできない。

　したがって、値ごろ感でちょっと上がったから売ってみよう、あるいはちょっと下がったから買ってみようというのは、きわめて危険な行為である。このようなトレードをすると、自分が張った相場とは逆の方向にどんどん進んでしまい、結局、大損を被ってしまうことにも

> **POINT**
> 為替トレードでいちばんカンタンで儲かるのは一本調子のトレンド相場だ。したがって、取り組み方の基本スタンスは順張りに置いておいたほうがいい。これに対して逆張りが効果を発揮しやすいのはレンジ相場だが、そもそもこういう相場はむずかしいのだから、あえて取ろうとしなくともいいのだ。

なりかねない。

　もちろん、きちんとした根拠があって逆張りをするのであれば、それもまた良しだが、その場合には、金額を抑えてエントリーすることが大事だ。下がったら買う、下がったら買うを繰り返して、平均の買い付けコストを引き下げる「買い下がり戦法」の場合も、基本は金額を抑えて行なうことだ。

　逆に、利が乗っていて、順張りをしているときであれば、どんどん買い増していけばいい。最初、買いから入って、思惑が当たってうまく上昇相場になったときには、さらに買い増していく。これをピラミッディングといって、さらに大きく利益を狙っていく取引手法である。
　ただし、ピラミッディングをする場合には、どこで反対方向に相場が転じるかに注意しておく必要がある。基本的にこの手法をとる場合は、あえて金額を抑えて取引することもないが、基本的にずっと一方向に進む相場はありえない。どこかの段階で必ず反転するものだ。そのタイミングを見失うと、一気に儲けを失うことになるばかりか、場合によっては利益が損失に変わってしまう。
　こうした失敗にはまらないようにするには、やはりエントリーしたときの持ち値で考えてはいけないということだ。たとえば最初、1ドル＝100円で買ったとして、その後、1ドル＝105円で再び買ったとしたら、その平均のレートで物事を考えるようにするのだ。たとえば、この場合であれば、平均の持ち値は1ドル＝102円50銭になる。この平均の持ち値と実勢のレートから、どこまで相場が動いたら取引を終わらせるかを考える。

そして、ピラミッディングをするうえで大事なことは、あまり高いところでは買い増さないことだ。高値で買い増してしまうと、それだけで平均の買い付けコストが上昇してしまう。そうなると、相場が反落したときに損失が生じやすくなるだけでなく、相場が上昇しても、コストを加味するとなかなか利益が得られにくくなってしまう。こうしたコントロールを上手に行なわないと、順張りの相場でもなかなか儲からない。

　したがって、順張りのときは、逆張りのときに比べてある程度、買い増すことは可能だが、それでも、最初に買った金額の半分くらいで、少しずつ買っていくことが大事だ。最初に買った金額と同額、もしくはそれを上回る金額で買ってしまうと、相場が逆転したときにどうしようもなくなる。

「復習」を繰り返すことが大切

　トレードをしている最中に、「あっ、これはやばいな」という第六感のようなものが働くことがある。相場を見ていて、悪寒が走るとでもいうのだろうか。
　このような勘は、最初から身に付いているものではない。誰が言ったかは定かでないが、「経営に必要なものはKKD。経験に基づいた勘と度胸」という言葉を見たことがある。相場にもこれがあてはまると思うのだが、こうした勘というものは、経験によって磨かれる部分が非常に大きい。

　私の銀行時代の話だが、当時は自分で相場を動かそうと思えば、50銭ぐらいは動かすことができたときがあった。下がると思ったらとにかくガンガン売りに行くのである。しかし、このとき、本当に動かない相場だと、あるレベルでカチーンという音がしてくるのだ。まさに岩盤に突き当たったようなもので、いくら売りを出しても、まったく下がろうとしない。
　ここで本当に優れたトレーダーなら、それまで売っていたのを一気にひっくり返して、買いに転じることができる。ところが、並みのトレーダーの場合、「どうして下がらないのだろう」などとオタオタしているうちに、どんどん相場が上昇してしまい、それで大損を被るこ

とになる。

　カチーンという音が聞こえたり、あるいはゾクゾクとした悪寒が走ったりというのは、実は別に第六感でもなんでもない。過去に似たような経験をしているからこそ、それが経験値として記憶のどこかに残っているのだ。それは恐らく、似たような状況のもとで大損を被ったという嫌な記憶なのだろう。それが、似たような状況になったとき、脳裏に蘇ってくるだけの話である。

　もともと勘などというものは、DNAに書き込まれているものだ。それは、自分の祖先たちが、実際に危ない経験などを積んでおり、それが刷り込まれているものである。
　では、そこに相場に関連するものが刷り込まれているかといえば、それはない。したがって自分自身の力で新たに身に付けていくしかない。そのためには、相場の経験を積んでいく必要がある。経験を重ねていくことによって、「あのときはどうだったかなあ」などと自分から思い出そうとしなくても、脳に叩き込まれた記憶が勝手に蘇って、

POINT

相場を張っていると、自然に「危険な匂い」がわかるときがある。人間のDNAには生まれつき相場に関する情報など刷り込まれているわけもない。したがって、危険な匂いがわかる理由は、それを学習したからにほかならない。そのためには、日々の相場から得た教訓を意識して復習し、身に付けていくことが大切だ。

危険を教えてくれるのだ。

　したがって、相場の勘を身に付けるためには、いろいろな経験を積んだうえで、それを忘れないような方法を考える必要がある。
　基本的に人間は、放っておくと忘れるようにできている。とくに辛いことは忘れるようにできているので、損して辛い思いをしたら、それを忘れないようにアクションを起こさなければいけない。かなり意識的な作業を必要とするのである。

　そのために為すべきことは、検証してみることである。学校の勉強でも、予習、実践、復習ということを習ったと思うが、それと同じことをトレードでもやってみるのである。予習とは、これからの相場はこうなるのではないかというプランを策定すること。そして、実際にトレードを行ない、そこで成功しても失敗しても、一度は復習してみる。とくに失敗したときには、どうして上手くいかなかったのかをじっくり検証してみる。そういう作業を繰り返し行なって初めて、相場のコツを覚えていくのだ。

　銀行時代の私の部下を見ていると、伸びる人間と伸びない人間に明確に分かれていた。そして、伸びる人間のタイプとは、やはり自分の失敗をきちんと検証して、それを自分の経験のひとつとして織り込んでいくことができる人間である。逆に、「明日は明日の風が吹くんだ」などと嘯いて、仲間と酒を飲みに行き、「明日から頑張るからもう忘れてしまえ」というタイプは、絶対に伸びなかった。

こういうタイプは傍から見ていて格好が良いものだが、基本的に懲りない人間が多いので、同じ失敗を繰り返すことになる。むしろ、相場においては「どうしてこんな失敗をしてしまったのだろう」などと、ウジウジ悩んでいる人間のほうが、はるかに伸びる余地がある。もちろん、感情を引きずる人間はダメであるが……。

　いきなり相場で成功する人間など、まずいない。多くの成功者は、何度となく失敗を繰り返す。ただ、その失敗を忘れることなく、きちんと復習しているからこそ、自分なりの相場観、危機回避本能ができ上がっていくのだ。

健康管理は大切

　あまりトレードの技術論とは関係のない話かもしれないが、これは結構、相場を張っていくうえで大事なことなので、あえて書いておこうと思う。

　それは何かといえば、健康管理が何よりも大事だということ。自分自身の体調管理をしっかり行ない、常に健康な身体を維持しておく。トレーダーというのは、ある意味、スポーツ選手と似ているところがあるが、仕事をしていくうえで、健康は欠くことのできない要素だ。

　人間である以上、当然のことながら、体調の良いとき、悪いときがある。はっきりいえることは、体調の悪いときにトレードをして、良い結果が出たためしがないということだ。やはり健康で、頭がスッキリしている状態でトレードに臨まないと、つまらない失敗で損失を被

POINT

トレードをするにも、肉体的・精神的なコンディションが良好であることが大切だ。したがって、コンディションが悪いときには相場を張らないほうがよい。最悪なのは、調子が悪いときに自分を制御できなくなるタイプの人だ。こういう人はトレードには向いていないので、破産する前に止めたほうがいい。

ることになる。

　肉体的にだけでなく、精神的にも同じことはいえる。何か悩みごとがあるときにはトレードをしない。なぜなら、気が散ってしまい、集中することができないからだ。真面目にトレードをするつもりなら、肉体的にも精神的にも、常に健康な状態を維持するように、日ごろから努力する必要がある。

　もちろん、人間である以上、不調になることはある。そのようなときは、最初からトレードはしないほうがよい。とくにいけないのは、「調子が悪いときにキレてしまう」タイプの人だ。たとえば、負け始めると、それを一気に取り戻そうとしてがむしゃらにやるような人である。こういう人はトレードには向いていないので、大ケガをする前に止めたほうがいい。

　そのくらいの割り切りをもって相場に対峙したほうが、良い結果が出る。

「金勘定」をしてはいけない

　トレードで成功するためには、「運」も必要になってくる。したがって、いかにして運を逃さないかということも考える必要があるだろう。

　こんな言葉がある。「逆境に強い人間はいるけれども、順境に強い人間は本当に少ない」。

　人間は得てして、調子の良いときほど危ないことをしでかすものなのだ。なぜかといえば、調子に乗るからだ。むしろ調子の悪いときのほうが、慎重になって危ないことをしないのでいい。あるいは調子の悪いときのほうが、基本に立ち戻って余計なことを考えないから、かえって結果が良かったりする。

　本書の冒頭で、ツキがないときにはひたすら我慢するという話をしたが、ここにも通じるものがある。なかには、調子の悪いときに切れてしまう人もいる。負けが込めば込むほど、倍々ゲームで掛け金を大きくしていくような人だ。少しでも早く損失を取り戻そうとして、掛け金を大きくしていくのだろうが、これは最悪であることはいうまでもない。運を取り戻すどころか、どんどん深みにはまってしまう。だから、負け始めて運がないなと思ったときは、とにかく掛け金を小さくして、調子が良くなるのを待つことが大切だ。

一方、調子が良いからといって、掛け金を大きく増やすのも考えものである。とはいえ、こちらはなかなか守れないことが多い。勝負に勝っているときは儲かっているものだから、多くの人がどんどん掛け金の額を増やしていく。

運を逃さないようにするためには、調子に乗らないことも大切だ。調子に乗って掛け金の額をどんどん増やしていくと、そのうち「金勘定」を始めるようになる。これがまた不思議で、金勘定を始めた途端、その人の運は逃げて行ってしまうのである。

経験上、利が乗ってきたときに電卓をたたいたら、まずダメだ。勝っているときも、最初のうちは金勘定をしたりはしないものだ。あくまでも為替レートだけを見て、判断しているのだが、調子に乗って大きな金額で相場を張るようになると、「これで1円円高になったら、500万円も儲かる」などと考えるようになる。「お金」という感覚をもつともうダメだ。

たとえば、最初は損してすってもいい500万円で相場を張ったとしよう。それがどんどん利益が重なって、2000万円になったとする。最初、500万円までは損してもいいと考えていたのだから、2000万円が

> **POINT**
> 勝っているときも負けているときも、相場（レート）だけをみてトレードの判断をすることが大切だ。「お金」という感情が出てきた途端に、うまくいかなくなる。相場で動いているものはただの「数字の羅列」であると割り切り、現実のお金だと考えてはいけない。

1500万円まで目減りしたとしても、そこできっぱりと止めれば、それは予定どおりのはずだ。この部分は負けても仕方がないと諦められるはずである。
　ところが、金勘定を始めた途端、500万円の損でも止められなくなってしまうのだ。ここが人間の弱さでもある。結果、掛け金がなくなるまで相場を張ろうとして、最終的には一文無しになってしまう。つまり、お金を儲けて、それを守りつつも、さらに殖やすというのは、非常にむずかしいことなのだ。

　とくに、これまで成功体験が続いてきて、失敗の経験が少ない人ほど、このワナにはまりやすい。成功も失敗も両方経験していれば問題はないが、下手に最初から成功してしまうと、失敗の経験値がないものだから、つい調子に乗って大失敗をするハメに遭う。
　運をコントロールする、運を逃さないようにするためには、金勘定をしないこと。そのためには、調子が良いときに勢いに乗って、大きな金額を賭けないようにすることである。そして、逆境のときでも切れることなく、ただひたすら運が向いてくるのを待つこと。
　これを実践すれば、運をコントロールすることは十分に可能なのである。

「行動ミス」を犯さない

　相場における失敗には2種類ある。ひとつは不作為の失敗、もうひとつは作為による失敗である。

　不作為の失敗とは、何も行動を取らなかったことによって、結果的に生じる失敗のことだ。明らかに上がるとわかっていた相場なのに、何もせずにただ指をくわえてみていたというケースである。

　非常に簡単な相場であるにもかかわらず、何も行動を取らなかったがために儲けそこなうといった失敗は、やはり大きなミスだ。人は往々にして、自分が何かアクションを起こした結果として生じたミスについては、いろいろと検証するものだが、このように不作為の失敗については、あまり振り返ろうとしない。なかには気付かない人もいるくらいである。でも、だからこそ、不作為の失敗については、きちんと自分で検証を重ねてみる必要がある。

　次に作為による失敗については、同じ失敗でも、やっていい失敗と、やってはいけない失敗がある。

　たとえば、トレードを始めるに際しては、最初にシナリオを描くことが大切であることは、すでに説明したとおりだ。ただ、すべての相場が、自分の考えるシナリオどおりに動くとは限らない。自分はドル高になると思ってドルを買ったのに、結局はドル安が進んでしまって

損をしたというケースは、それこそごまんとある。

　しかし、こういう失敗は問題ない。こういう失敗を多少繰り返したところで、そう簡単に運は逃げていかない。早めに自分の判断ミスに気付いて取引を手仕舞い、損失を最小限に抑える努力をすればいいだけのことだ。

　問題は、明らかに自分の行動ミスによって失敗することである。自分がこうなると思っていたのに、それに反する行動を取り、結果的に儲け損なう、あるいは損失を被ってしまうようなときだ。あるいは、自分が最初に描いていたシナリオを、いきなり途中で変更して、結果として損失を被ってしまうようなときだ。これらはいずれも、明らかに本人の行動ミスによって招いた損失である。

　不思議なもので、この手のミスを一度犯してしまうと、ミスがミスを呼んで、どんどん損失が膨らんでいく。運も逃げてしまい、そこから二度と立ち直ることができない。とくにデイトレードをしている場合などは、この手のミスが命取りになることがある。

　野球でも同じことはいえるだろう。ピッチャーが自分にとって渾身

POINT
自分としてベストを尽くしたにもかかわらず失敗したときには、仕方がないと割り切ってそのまま進めばいい。しかし、自分のベストに反する行動をしたり、中途半端な行動の結果、失敗したならば、おそらくそれは"尾を引く"ことになる。したがって、トレードを一旦止め、調子が戻るのを待つべきである。

の一球を投げて、それを打ち返されたとしたら、これはもう仕方のない話である。相手が上手だっただけなのだから。

　しかし、たとえば配球ミスによって打たれてしまったり、エラーを繰り返して点を取られてしまったりすると、悪循環に陥ることが多い。

　したがって、人為的なミスを犯してしまったと思ったときは、その時点でトレードを止めることが大切だ。もしトレードを続けていようものなら、運はどんどん逃げていく。トレードはいったん止め、そのミスを引きずらなくなったら再開すればいい。これが「休むも相場」なのだ。

最初は小さく、後は段々大きく

　失敗の経験を積み、学習を重ねていくことが、事前に危険を察知するための勘を養ううえで必要になってくる。これは前述したとおりだ。

　それを考えると、まずは少額資金でトレードを始めるようにし、そこで何回か失敗を繰り返してみるといい。たとえば500万円の運用資金をもっている人が、500万円ギリギリまで相場を張って失敗したら、それこそ無一文になってしまう。それよりも、まずは50万円程度の資金でトレードを始め、いろいろな失敗を重ねていけば、必ず失敗をコントロールする術を身に付けることができるはずだ。

　自分の経験からいっても、それは確かだと思う。駆け出しディーラーだったころは、自分に与えられる取引の枠も少額だったが、そのときに何度となく小さな失敗を繰り返して学習することができたため、いまの自分があるといっても過言ではない。

　とにかく焦ってはいけない。手元にある500万円を短期間のうちに1000万円に増やしたいといっても、それは無理な話だ。いや、無理ではないかもしれない。時と場合によっては、そのように大きく儲けることも可能だ。ただし、それを実現させるためには、それこそすべてを失う覚悟が必要である。むしろ、失う確率のほうが高いだろう。

　自分で運用に回す資金のうち、ごく一部の少額資金でトレードを始

める理由は、もちろん失敗を重ねることによって経験値を高めるという目的もあるが、同時に少額資金でトレードの回数を増やしていけば、勝つにしても負けるにしても、偶然性を少なくできることもある。

たとえば、為替のトレードで勝つことのできる確率が5割だとしよう。ここでは手数料などのコストについては考慮しないことにする。あくまでも、勝てる確率が5割という話だ。

勝率5割ということは、2回に1回の割合で負けることになる。しかし、取引回数が1回だとすると、「勝率は5割」といいながらも、実際には丁半バクチであり、100％の負けか100％の勝ちで終わってしまう。そうではなく、取引回数を1000回にして、そのトータルで勝ちか負けかを決めることにしたらどうだろうか。この場合は、サイコロがきちんとしたものであれば、奇数の目と偶数の目が出る回数は半々に近づくことになる。

つまり、取引回数を多くするほど理論的な確率に近づくのである。

したがって、為替のトレードにおいて、取引回数を増やすということは非常に大切なことである。

POINT

小さな金額から始めることのメリットは二つある。ひとつは小さな失敗を繰り返しながら学習できること。もうひとつは取引の回数を増やすことによって、バクチではなく確率によってトレードできるようになることだ。また、ポートフォリオなどと称して投資対象を分散することは止めたほうがいい。むしろ1回ずつの金額を少なくして、取引回数を分散させるべきである。

また、自分自身の経験から考えると、大きな金額が儲かる大相場は、20回トレードして1回あるかないかである。ということは、その相場を見逃さないためにも、やはり取引回数を増やしていくしかない。
　よく分散投資が効果的だという話を聞く。恐らく、いろいろな資産に資金を分散させるポートフォリオ運用のことを指しているのだと思うが、個人的にはこうしたポートフォリオ分散よりも、取引回数（金額）を分散させるほうが重要だと考えている。

　資産運用の教科書を読むと、「投資リスクを軽減させるため、値動きの方向性が異なる複数の資産に分散投資することが大事だ」といった文言をよく目にする。
　これをポートフォリオ運用という。たとえば輸出企業の株式と輸入企業の株式を組み合わせる。為替レートが円高になったとき、輸出企業は業績が悪化するため、株価が下落するが、一方で輸入企業にとって円高は業績面で追い風になるため、株価は上昇する。その結果、輸出企業の株価下落リスクを、輸入企業の株価上昇によって相殺できる。そのため、分散投資は効果的といわれている。

　私は、実はこの考え方は危険だと思っている。一度にいろいろな資産をもつという分散投資は、決してリスク分散にはつながらない。その理由は、次の3つだ。
　ひとつは、それだけ多くの資産を保有していたからといって、それをすべてウォッチすることはできないということ。もちろん、2種類か3種類程度の資産であれば、まだ継続的にウォッチできるかもしれ

ないが、10種類、20種類というように増えていくと、個人でマネジメントすることは不可能だろう。最近は、個人のＦＸ（外国為替保証金取引）でも、非常に多くの種類の通貨ペアを取り扱う業者が増えているが、これだけ数多くの通貨に対して、一度に分散投資しても、恐らくはレートの推移をウォッチすることはできないから止めたほうがいい。

二つめの理由は、分散する資産の種類が増えるほど、各々についてきちんと調べることができないこと。投資をするうえでは、当然のことながら下調べが必要になってくる。何も調べず、どういうリスクがある資産なのかということを把握せずに投資をするのは、あまりにも無謀な行為だ。やはりどういう資産なのかということは、詳しく調べておきたい。ただ、それも分散する資産の種類が少なければ何とかなるが、数が増えてしまうと、詳細に調べることができなくなってしまう。

三つ目の理由は、何よりもお互いの相関関係がわからないということだ。とくに通貨ともなればなおさらである。たとえば20種類の通貨に分散したところで、お互いの通貨がどのような相関関係をもっているのか、もっていないのかがわからなければ、リスクコントロールなどできはしない。

さらにもうひとつ付け加えるとしたら、資金のコントロールができなくなるということだ。あまりにも数多くの通貨に分散してしまうと、いくら勝ったら利食いをする、あるいはいくら損したら手仕舞うという判断がつきにくくなる。気が付いたらほとんどの投資資金をすってしまったということにもなりかねない。

やはり、人間がウォッチすることのできるものには、おのずと限界があるということだ。人によって差はあると思うが、せいぜい3種類の通貨に分散するのが関の山だろう。

　下手に分散する通貨の種類を増やすくらいなら、自分で熟知できる通貨を2つか3つもち、その範囲内で勝負をする。投資対象を分散させるのではなく、取引回数（金額）を分散させる。同じ分散投資でも、そのほうがよりリスクを軽減できるし、また効果的である。

第6章　トレード技術を知る（vol.2）——売買テクニックを磨く

サラリーマン・トレーダーの心得

　本書を読んで下さっている読者のみなさんは、会社に勤務しており、自分のプライベートな時間にトレードをするという方が大半だろう。とくに忙しい仕事をされている方は、なかなかトレードの時間を取ることができないと悩んでいるのではないだろうか。「デイトレーダー」という存在が話題になっているが、一日中パソコンの前に座って、ひたすらトレードに打ち込める人は、きわめて少数だと思う。

　同じ外貨投資でも、外貨預金や外国債券であれば、1日の時間配分など考える必要はない。ただひたすら、放っておけばいいのだから。問題は、FX（外国為替保証金取引）などある程度、売り買いを能動的に行なう場合だ。トレードを目的にするのであれば、放りっぱなしというわけにもいかない。何よりも、為替相場で儲けようと考えているのであれば、やはり1日のどこかで多少はまとまった時間をトレードに充てないと、満足のいく成果を残すことはできないだろう。

　自分自身の経験からいえば、やはり1日のうち1時間くらいはトレードをしたり、そのための情報を仕入れたり、分析したりする時間として割きたいところだ。

　もうひとつ、仕事をもっている人が、空いた時間で為替のトレードをする場合、ある程度、投資するタイムスパンを長めに取る必要があ

る。デイトレーダーが1日で取引の成果を得ることを目的にトレードするのであれば、仕事をもっている普通の人は、1週間から1カ月で成果を目指すというあたりが目安としてはちょうどいいだろう。

とはいえ、たとえ1週間から1カ月のスパンで取引しようとしても、日々、何が起こっているかのチェックだけは、絶対に続けておく必要がある。つまり、ここでいう「1日のうち1時間をトレードに費やしましょう」というのは、実際に為替の売り買いにかける時間ではなく、いま起こっていることのチェックや、その他のことに費やす時間のことなのである。

具体的に時間配分を考えてみよう。

まず情報のチェック。新聞や雑誌、あるいはインターネットで流されている経済・金融情報をざっと読んでいく。これにかける時間は、大体15分から30分というところだろうか。

次にチャートのチェック。自分がポジションをもっているのであれば、それがいま、どのような位置にいるのか、トレンドの方向は変わっていないか、流れはまだしばらく続きそうかといったことをチェックする。これは15分もあれば十分だ。

そして、残りがプランを立てる時間である。時間にして15分から30分程度。いま見た情報と自分が考えるシナリオをベースにして、考え

POINT
トレードで儲けることは、それほどカンタンではない。サラリーマンであっても、1日1時間程度は"準備"に費やす必要がある。

を整理する。

　実際のトレードには、それほど時間を割かなくてもいい。細かくトレードして利益を積み重ねるデイトレーダーならともかく、1週間から1カ月のスパンでトレードをするのであれば、瞬間、瞬間の細かい値動きのタイミングを捉えて売買注文を出す必要はない。あらかじめ自分で売り買いのレンジを決めたら、そのまま指値をしておけばいいだけの話である。とくに仕事をもっている人の場合は、大雑把にレンジがどちらに傾いているのかを把握してさえおけばいいだろう。

　繰り返しになるが、トレードで成功するためには準備がいちばん大切である。「1日1時間はトレードに充てましょう」などというと、多くの人は実際に売り買いをすることに費やす時間が1時間と勘違いしてしまいがちだが、実際に売り買いに費やす時間は、本当に少なくていいのである。

　トレードをする前の準備、勉強、研究、これらにいかに時間をかけるかで、トレードが成功するか失敗するかが決まる。本当の意味で時間をかけなければならないのは、自分の考えを整理する時間なのだ。

相場での駆け引きはチャートに表れる

　チャート分析やストキャスティクス、RSIなど、テクニカル分析にはさまざまな種類があるが、共通していえることは、売買のタイミングをとる際の判断基準として、有効であるということだ。
　一言で「テクニカル」といっても、系統としてはトレンド系とオシレーター系に分かれる。
　トレンド系は方向を示すものだ。ローソク足で示されたチャートがその代表的なところである。そしてオシレーター系は、相場の方向がどちらを向いているのかを示すのではなく、いまのマーケットが買われ過ぎなのか、それとも売られ過ぎなのかを判断するための指標と考えていい。
　そして、ファンダメンタルな要因からトレンドがしっかりしている

POINT
チャートの形を見るときには、その値動きの裏側で市場参加者がどのような駆け引き、行動をしているのかを想像してみるといい。たんなるパターンとして見ていると、値動きに振り回されて損をするのがオチだ。そうではなく、行動心理学として見れば、攻めるべきところ、ガマンすべきところ、完全に新しい動きに入ったところなどがわかるようになる。

ときには、前述したように、とりわけオシレーター系の指標は無視して構わない。本当に強い相場展開のときは、テクニカルで示されるサインなどお構いなしに、どんどん価格が動いていくものだからだ。本格的な上昇局面にあるときは、常にテクニカルでは買われ過ぎのサインが出るだろうし、逆に本格的な下落局面にあるときは、常に売られ過ぎのサインが出てくる。そして、買われ過ぎのサインが出ても、さらに上昇しようとし、売られ過ぎのサインが出ても、さらに下落しようとする。これでは、テクニカルを用いると、逆に判断を誤る恐れがある。

テクニカルの弱点は、あくまでも過去の平均値を表すものに過ぎないということだ。そのため、いったん大相場になると、テクニカルでは対応しきれなくなってしまうのである。

では、いかにしてテクニカル分析を実践的に利用すればいいのだろうか。本書はテクニカル分析の本ではないので、ここではチャートの見方について簡単に説明するだけにとどめておく。

チャートの良いところは、過去の値動きを時系列でたどれることにある。そして、チャートで示された値動きを追っていくと、「そろそろ上昇相場も限界だな」、あるいは「底を打って上昇に転じるな」といったようなことが、おぼろげに見えてくるものなのだ。

たとえば、下落相場のときに、3回連続して底値にチャレンジしているとしよう。チャート分析でいうところの3点底というやつである。これはどういうことを意味しているのだろうか。

大きく下げては跳ね返され、もう一度下げては跳ね返されで、都合

3回ほど下値をさらに割り込ませようと、ヘッジファンドなどが一所懸命に売ったのかもしれない。しかし、それでも下値を割らない状況ということになると、次は「逆の方向に一気にもっていかれる恐れがある」とみなければならない。プロ同士がレートの節目で火花を散らせている場面なのである。したがって、こういう局面で漫然と売りから入っていたりすると、足元をすくわれた形になってしまうことが多いのだ。

　売り方の負けがはっきりすると、相場はぐんぐんと上昇する可能性が出てくる。底値近辺で売りに回っている投資家からすれば、相場が上昇に向かうとポジションが非常に苦しくなってくる。その結果、売りから入った投資家たちが、ポジションをクローズさせるために買い戻しへと動くことから、上昇スピードに加速が付く。

　あるいは、三角もち合いからの上抜け、下抜けなども、現実の市場参加者のことを想像してみると、非常によくわかる。投機家というのは、いつも儲けたくて仕方ないのだ。だから相場が動かないと、みなイライラしてくる。だからこそ、何かのきっかけでどちらかにポーンと抜けると、いっせいにその方向に走り始めるのである。

　チャートを見るときは、漠然と値動きを追いかけるだけではいけない。そのチャートが示す値動きの裏側に、どのような現実のドラマが隠されているのか。それをイメージすることが肝心である。まさに、これこそが、ゲームのルールと参加者の特性を考えながら行なう実践的なテクニカル分析の活用法である。

レンジ相場を生き抜くためのコツ

　相場でいちばんカンタンに儲かるのは一方向に動くトレンドのはっきりした相場であり、まずはここをきちんと捉えるために注力すべきである。これに対して、レンジ相場といって、一定の幅で行ったり来たりを繰り返す相場展開でリターンを稼ぐのは、一見やさしそうに見えて、意外にむずかしい。

　波がわかりやすいため、素人目には儲けやすそうに思えるが、方向性が強くないため、イザ波乗りをしようとすると、上がると思って買いから入ったら下げ、下がると思って売りから入ったら上がるというように、自分の相場観とは逆、逆という形で相場が動いてしまうことが多いのだ。

　このような状況のもとで、それこそ躍起になって売買を繰り返してしまうと、結局、損失ばかりを被ってしまい、せっかくの利益を吐き出し、トータルで大損を被るハメになる。では、どのようにすればよいのか。

　答えは、このような状況に陥りそうになったときは、そもそも取引をしないようにする。つまり、「レンジ相場には手を出さない」というのが、生き残るコツでもあるのだ。

　「相場に踊らされる」といってもいいだろう。とくに相場が好きな

人間にとっては、値動きがあるとそれだけでワクワクするものだ。その結果、こうしたレンジ相場の最中に相場に入り、頻繁に売り買いを繰り返すことが多く、失敗するのである。

また、レンジ相場で注意しなければならないことは、値幅に対して商いが薄いということである。つまり、市場参加者もどちらの方向に動くのかが明確に見えないため、トレンドがはっきりしているときに比べると、慎重に取引しているケースが多いのだ。その結果、商いが薄くなってしまい、通常なら1円動くところが3円動いてしまうなど、値が飛びやすくなる。

値が飛びやすいというのは、ちょっとした買いや売りによって、レートが大きく変動しやすくなるということだ。こうなると、なかなか自分の買値や売値が、相場の動きに追いつけなくなる。

その結果、たとえばレンジ相場のなかで買いから入り、どうにも調子が悪いということで損切りをしようとしても、自分の思ったレートで売れなくなってしまう。たとえば、105円50銭で売りたいと思っても、売り注文が成立したときの出来値を見たら、105円20銭になって

POINT

プロはカンタンな相場を見逃しはしないし、逆にむずかしい相場はできれば避ける。カンタンな相場とは、ファンダメンタルズに主導された一本調子のトレンド相場である。これに対して、レンジ相場はむずかしい相場である。したがって、レンジ相場をとろうとして苦労するよりも、レンジ相場は避け、トレンド相場を見つける努力をするほうが、儲けるための近道である。

しまったということが、往々にしてあるのだ。

　本来、105円50銭で売ろうと思っていたのに、実際の出来値は、それより30銭も下になってしまう。これは、コスト以外の何者でもない。

　レンジ相場は、それなりの値幅で動くため、取りやすいように思える。しかし、そのなかに積極果敢に入っていくということは、実はこうしたリスクを覚悟する必要があるということだ。方向を当てることもむずかしく、商いが薄いことから不要なコスト負担まで強いられることになる。このような相場展開には、できれば参戦するべきではない。"瞬間芸"で勝負しているような、一部のプロでなければなかなか利益を残すことのできない相場展開なのである。

　ホンモノのプロはカンタンな相場を見逃しはしないし、逆にむずかしい相場はできれば避ける。相場で楽しみたいわけではなく、相場で儲けることが仕事だからだ。だから、みなさんも相場で儲けたいのならば、真似するといい。

　くれぐれもレンジ相場には手を出さない。トレンドだと考えて参戦したものの、どうやらレンジであったと気付いたら、「勝つ」のではなく「負けない」で脱出する方向に考えを改める。あるいは、レンジであっても挑戦してみたいという人は、取引金額をできるだけ抑えてやることをおすすめする。

　相場の世界で長生きがしたければ、このスタンスが大切である。

ナンピン厳禁

　一般的な投資の教科書を読むと、「損失が生じたときはナンピン買いをすることによって、平均の買い付けコストを引き下げる」などといったことが書かれている。

　ナンピンとは、たとえば買いから入って値下がりしたときには、最初に買い付けたのと同額分をさらに買い増すことによって、平均の買い付け単価を引き下げることだ。逆に売りから入った後に上昇した場合は、売り建てた金額と同額をさらに売り増すことによって、平均の売り付け単価を引き上げる。

　1ドル＝105円でドルを買った後、相場が円高に振れて1ドル＝102円になってしまったとしよう。このままでは、再び3円分だけ円安ドル高が進まなければ損失を回復することができない。

　誰しも損失は早めに解消したいと考えるだろう。そこで用いられるのがナンピン買いのロジックなのだ。つまり、1ドル＝102円のとこ

POINT
経験からいうと、あらかじめ計画していないナンピンは傷口を広げるだけで終わることが大半だ。したがって、ポジションが苦しいときにナンピンして"攻める"のは最悪の手法だ。損切りで撤退するか、ポジションを縮小して耐えるかしか手はない。

ろで、最初のドル買いと同額分のドルを買い増しておけば、平均買い付け単価は1ドル＝103円50銭になる。したがって、いまのレートから1円50銭分だけ円安が進めば、その時点でイーブンにすることができるわけだ。

　ただ、この方法には落とし穴がある。たしかに、1ドル＝102円で円高が止まり、そこからどんどん円安へと向かえば、損失の回復も早く、ナンピンしてよかったということになるだろう。
　しかし、そのように都合良く動く相場などない。たいがいは、ナンピンしたところでさらに円高が進んでしまい、傷口を大きく広げることになる。とくに、相場が一方向に大きく動くときなど、どんどん損失が膨らんでしまう。
　自分の思惑とは逆の方向に相場が動き、結果的に損失が生じた場合、取るべき方法は2つしかない。ひとつは損切ること。そしてもうひとつは、取引額を縮小して、再び運が回復するのを待つことである。
　ナンピンは、自分が損しているにもかかわらず、ポジションを縮小させるどころか、積極的に拡大させていくという手法である。これではリスクのコントロールなど不可能だ。私の経験からも、ナンピンがうまくいったことはないし、お勧めできるものではない。
　ちなみに、あらかじめ自分で計画し、回数を分散しながらポジションをつくることが、結果としてナンピンのようになることがあるが、この場合は想定したシナリオの範囲内である限り、問題がないことはいうまでもない。

精神的な「リスク許容度」という考え方

リスクの許容度といえば、技術的には保証金に対するポジションの大きさであるとか、いろいろな考え方があるが、ここで強調したいのは、そうした技術論ではなく、むしろ精神論からみた考え方である。

自分にとってのリスク許容度をどう考えるかは、まさに人それぞれだ。運用資金を潤沢にもっており、しかも日々食べるに困らないだけのお金をもっている人であれば、かなりの程度をリスク資産の運用に回すことができるだろうし、逆にその日食べるのに精一杯の人が思い切りリスクを取った運用を行なえば、それこそ生活に必要なお金まですってしまう恐れがある。

つまりどこまでリスクを許容できるかは、教科書的に決められるものではなく、人それぞれに千差万別なのである。ただ、ひとつだけいえることは、「自分が枕を高くして寝ることのできる金額」でリスク

POINT
ポジションが気になって眠れないようなら、リスクの取り過ぎである。そういうトレードは、たとえ戦術的に正しいアプローチであっても、失敗に終わることが多い。自分が相場に対して冷静な精神状態でいることは、最も重要なテクニックである。

を取るべきだということだ。

　当たり前の話だが、相場が気になって夜もおちおち眠ることができないという状態では、満足のいくトレードなどできるはずもない。睡眠不足になれば、すっきりした頭で正確な投資判断を下すこともできなくなる。何よりも、損失を被ったときにオタオタしてしまい、自分のもっているポジションを客観視できなくなってしまう。冷静でいれば勝てたはずの勝負に、負けてしまうこともある。こうなった時点で、その人はもう終わりである。

　一般的な投資の教科書でも、「リスク資産での運用は余裕資金の一部で」と書かれている。これはまあ正しいと考えていいだろう。投資などというものは、自分の命を削ってまでするほどのものではないのだから。

休むも相場

　ここまで読み進んできていただいたみなさんに改めて言うまでもないとは思うが、これは必ず心がけてもらいたい。

　外国為替市場は24時間取引のマーケットであり、休日を除けば常にどこかのマーケットで取引が行なわれている。為替レートも常時、動いている。しかし、だからといってのべつ幕なしにトレードをすることだけは避けなければならない。自分が「行ける」と思ったときだけ、ポジションを取れば十分だ。運が向いていない、手が合わないと思ったら、ポジションを閉じて取引を止める。あるいはレンジ相場には手を出さない。さらに、体調が悪いときや悩み事を抱えているときは取引しないほうがよい。

　エントリーするときも、思い立って即、トレードするのではなく、まずマーケットの様子を伺って、ここぞという間合い、タイミングで入る。

POINT

調子がよくないとき、イマイチ気分が乗らないときには、相場から逃げることができる。これが私たちに認められた最大のアドバンテージなのだ。「トレードを休む」という決断をできるか否かも、相場で勝ち抜くための最も重要なテクニックである。

第6章　トレード技術を知る（vol.2）——売買テクニックを磨く

つまり、緩急をつけたトレードを心がけることが肝心なのだ。実は、これはデイトレードを中心にしようと考えている投資家こそ、肝に銘じておく必要がある。

デイトレードというと、値動きがある限り、常にポジションをもってトレードに参加していなければならないという気になるものだが、そもそもデイトレードとは、一日中ずっとパソコンの前に座って、細かく取引を繰り返すことではない。ポジションを翌日に持ち越さないという意味合いに過ぎない。つまり、その日の取引は、その日のうちにケリをつけるという意味だ。午前中だけでトレードを止めてもいいし、もちろん、気乗りのしない日は、取引を休んだっていい。そして、そうしたほうがたぶん勝てる。

前述したように、為替取引は自分の好きなときにだけ参戦できるのが魅力のひとつである。マージャンでは、ゲームから勝手に抜けることはできないから、調子が上がらないときはひたすら堪え忍ばなければならないが、為替のトレードであれば、自分の判断で参加したり休んだりすることができる。勝ち逃げもＯＫならば、調子が悪いときに取引を休んで運気が回復するのを待つこともできる。

「休むこと」ができるところが私たちに認められた最大のアドバンテージである。ということは、休むという決断を下すことは、相場で勝つための最も重要なテクニックなのだ。

「トレードノート」をつけよう

　これが技術論といえるかどうかは定かではないが、トレードの技術を身に付ける、ノウハウを高めるという場合に有効なのが、地道にトレードノートをつけることだ。

　日記のような感覚でいいので、自分がトレードをした内容、たとえばどの通貨を買ったのか、それとも売ったのか、その際のレートはいくらで、どのくらいの金額を取引したのか。そして、取引が成功しても、失敗しても、その要因をきちんと検証し、ノートに書いていくのである。

　先に、相場における第六感のようなものを身に付けるためには、ある程度の失敗を繰り返さなければならないと述べた。その際、経験値を高めるためには、どういう原因でトレードに失敗したのかということを、記憶に残しておく必要がある。

　人間というのは放っておくと物事を忘れるようにできている。だか

> **POINT**
> 華やかにみえるスーパートレーダーほど、実は地道な努力を欠かさずに行なっているもの。トレードノートをつけるということも、その一つ。騙されたと思ってやってみれば、その効果がわかるはずだ。

私のトレードノート

```
                                          Date 2005.3.22
<相場>
・ドル円4日続騰。いよいよこの1ヶ月半のボックス上抜け
  open 105.20→105.60 close
・ユーロドルも続騰 1.32を一時上抜けるが結局1.3090
  でクローズ。前回(3/4)の高値をブレイクしたレベル

<出来事>
・FRB利上げ 0.25%→3.25%へ。
  「インフレを懸念する」コメントを追加
・シュレーダー独首相 ドルの対ユーロ相場上昇を望む
  ただしドイツ政治サイドから悲鳴

<アイデア>
  この表現の変更は重要。きっとFRBの利上げ継続
  宣言と読んで材料にしてくるだろう。ドル買い。ユーロドルでも
  いいがレンジを抜けてきたドル円の方が面白い
  5円ぐらいはとれるかもしれない

<トレード>
  ドル円 105.65 で ▓▓▓ Buy
        ⇓
       当面. keep方針

<反省>
  利上げ発表後少し様子を見すぎた。判断が
  遅い！結果的にはあまり上がらず買えたが
  たまたま。反省。まあ相場が若いので
  十分とれるとは思うが
```

※編集部注　取引枚数は伏字にしました

ら、忘れないようにしたいことには、何か意図的にアクションを加えなければダメだ。そのためのツールが、原始的なようだが、トレードノートなのだ。トレードを実践するとともに、その成果を文字で残しておく。その習慣をつけていけば、まず記憶からなくなることはないだろう。

　どれだけ凄いトレーダーも、最初から天賦の才に恵まれた人などごくわずかである。皆、地道な努力の積み重ねで一流のトレーダーに育っていくのだ。ましてや個人が、いきなり取引を始めて大儲けができるほど、この世界は甘くない。だからこそ謙虚さを忘れず、焦らずに一歩、一歩、基礎を積み重ねていくことが大切なのである。

第7章

精神力を高める

「守破離」で自分なりの"勝利の方程式"をつくれ！

Develop mental strength
——Establish your own winning formula
stepping the process "follow, get and break"

「生き残ること」を考えよう

　本書を手に取られたみなさんは、一体何のためにトレードをしたいのだろうか。

　これは愚問かもしれない。もちろん、儲けるためという答えが返ってくるだろう。では儲けるためにはどうすれば良いのだろうか。その答えは「儲け続ける」ことだ。

　お金とは不思議なもので、儲け続けてさえいれば、1年間のリターンは大したことがなくても、何年も経つと殖え方に急激なドライブがかかってくる。

　たとえば、100万円の元手で投資を始めたとしよう。仮にあなたに類稀なる才能があって、毎年50%ずつ儲けたとする。最初の1年を過ぎると資金は150万円に殖えているはずだ。そのペースで10年殖やし続けたとしたら、10年後には一体いくらになるだろうか。なんと約5800万円にもなるのである。10年で60倍だ。実際にはここから税金を

POINT
勝利への道のりは、まずは成功者の真似をし、それを自分に合うようにアレンジし、あとは経験を重ねて自信をつけていくことだ。道のりは長いことだろう。途中で矢が尽きては元も子もない。だからこそ、とりわけ最初のうちは、小さく始めることが大切なのだ。

払う必要があるから多少割り引かなければならないが、それでもかなりの金額になる。

　勝ち続けるためには、自分なりに「勝利の方程式」をつくり上げることが必要だ。場あたり的な勝負を繰り返していては、たまに勝つことはできても、勝ち続けることはできないからだ。
　トレードを始めたばかりのときは、よくわからないうちに儲かったりすることがある。いわゆる「まぐれ当たり」で、英語でいえば「ビギナーズラック」というものだ。
　ここでいい気持ちになり、さらに儲けてやろうと一気に大きな金額で勝負をしかけ、結果的に大損を被ってしまう。よくあるパターンだ。あるいは追加で保証金を入れ、そこからずるずると負け続けるといった悪循環にはまる。
　自分なりの勝利の方程式がないままに、何となく勝ったことで自分には実力があるなどと勘違いしてしまった典型例である。

　自分なりの必勝パターンをつくるためには、闇雲にトレードを繰り返してもダメだ。剣道などの修業の順序を表す言葉に「守破離」というのがあるが、まずはそのうちの「守」。プロの技や成功した人のやり方をいろいろ勉強してみることである。
　次に、それを実際に自分で試してみること。当然、その間には成功することもあれば、失敗することもたくさんあるはずだ。実は、ここがいちばん重要なのである。どういうときに成功したのか、どういうときに失敗したのかを自分でよく考えてみること。何十回もトレード

を繰り返すうちに、徐々に自分なりの勝ちパターンがあることに気付くはずだ。

　何度もいうが、トレードで100％勝つというのは、どだい無理な話である。成功と失敗を繰り返したうえで、いろいろな要因が見えてくるはずだ。それは、大体以下の３つぐらいに分類されてくる。

1　自分自身の性格などに起因するもの
2　相場の知識や、自分の技術に関係するもの
3　自分ではどうしてもコントロールできないもの（予想できないもの）

　このうち３については、超能力者でもない限り解決不可能なので、諦めて受け入れるしかない。そうなると後は、１と２を自分なりに改善することによって、トレードの勝率、利益率を上げていくしかないことに気が付くだろう。「守破離」の「破」である。

　こうして１と２について工夫を積み重ねていると、ある日突然、自分自身の勝ち方がなんとなく見えてくる。そこまでくれば、トレードの勝率は急激に上昇する。なぜなら技術が向上していることと、トレードに対する慣れ、そして、これらの自信がトレードの成績を好転させるといった好循環が始まるからだ。そしてさらに経験を積むことによって、勝率、利益率がますます上がっていく。「守破離」の「離」である。

　ただし、この領域に達するまでは、くれぐれも大きな資金を投じないことが大事である。私もトレーダーとしてデビューしたときは、100万ドル（約１億円）のポジションでスタートした。最初のうちは

いろいろな失敗を繰り返したが、徐々に大きな金額をコントロールできるようになり、最後の数年は数百億円の売買をしても動揺することなく、コントロールができるようになった。

　「ローマは1日にしてならず」。したがって、「自分の手持ち資金を全額、円安に賭ける！」などと、最初から気張ってはいけない。儲ける前に資金を使い切って退場させられてしまうのがオチだ。本当の自信をもてるようになるまでに経験を積んでいるあいだは、予想できる最大の負けを食らっても決定的な打撃を被らない程度の金額に抑えて、トレードすることが肝心である。

最初に決めたことを守る

　トレードをすでに経験しているみなさんに聞いてみたいことがある。最初に決めたトレードプランを途中で変更してしまい、後になって「やっぱり初めに決めたとおりにやっておけば良かった」などと後悔した経験はないだろうか。恐らくかなりの方がこの経験をしたことがあると思う。

　私の経験からいっても、最初に浮かんだアイデアが結果的にはいちばん当たっていたというケースが、非常に多かった。それには理由がある。

　その理由は合理的に説明することができる。すなわち、トレードを始める前に、いろいろなプランを考えているときは、自分はまだ相場のなかに入っていないので、相場の動きを客観的に観察することができる。チャートなどを眺めていても、「この相場は下がると思うけど、前回の安値より下には行きそうもないな」とか、あるいは「上がりそうだけど、逆にここを切ってしまったらダメだな」などと冷静に考えているものだ。

　このようなときであれば、人はきわめてロジカルで周囲の状況もよく見つつ発想することができるので、たとえば、「105.00円で買って、108.00円になったら利食いをして、逆に104.00円まで落ちたら損切り

をしよう」というように、きちんとトレードプランを立てることができる。

ところが、いったんトレードを始めてしまうと、それまでは相場に対して第三者だったのがいきなり当事者になる。すると、トレードを始める前に比べて、心理的に大きな変化が現れるものなのだ。

簡単にいうと、トレードを始める前は物事を客観的に観察できていたにもかかわらず、突然、主観的になり、自分のポジションを中心に、バイアスをかけて物事を考えるようになってしまう。

たとえば、ドルを1ドル＝103円で買って、1ドル＝108円で売ろうというトレードプランを立てたとしよう。ところが、予想が当たって1ドル＝108円になると、今度は「ひょっとしたら、もっと円安が進むのでは？」などと考えてしまい、利食いを見合わせてしまうケースが、往々にしてあるのだ。

運がよければ、その後もますますドル高円安が進み、儲けることができるかもしれないが、世の中はそう甘くはない。たいていは、最初に立てたプランのように、1ドル＝108円をドルの高値に、その後は反落してしまうこととなる。

POINT
判断に迷ったら、当初に決めたアイデアを選んだほうがうまくいく可能性が高い。なぜなら、それは相場に入って（ポジションをもって）心にバイアスがかかってしまう前の、客観的な判断に基づくものだからだ。

このような事態に追い込まれたとき、多くの人は1ドル＝108円で利食い売りを出さなかったことを後悔する。そして、この気持ちに引きずられてしまい、その後も相場がズルズルと下がっているのにもかかわらず、売るに売れなくなってしまう。「固まる」という状態だ。
　さらに悪いケースは、自分が最初から不利な状態に置かれたときだ。たとえば、ユーロが下がると考えて、1ユーロ＝120円でユーロを売ったとしよう。ユーロは上昇してもせいぜい1ユーロ＝123円くらいまでと考えていたので、1ユーロ＝124円で損切りの注文を出していたとする。ユーロは徐々に値上がりし、1ユーロ＝124円近くになってきた。
　最初のトレードプランでは、この時点で買戻し（損切り）をする予定だったにもかかわらず、何やら急に1ユーロ＝124円をつけた後、ユーロ安に転じるような気がしてくる。そこで、買い戻しの注文を取り消すだけでなくさらに売り増しをしてしまうが、その後もユーロはどんどん値上がりしてしまい、有り金を全部はたいてしまうハメになる。「魔が差す」という状態だ。

　いずれのケースも、トレードを始める前は、あくまでも相場を中心にしてアイデアを考えていたにもかかわらず、一度、相場の世界に巻き込まれた結果、自分の欲望や恐怖で、相場動向の判断をしてしまっている。前者は欲の皮の張った強欲者の好例で、後者は損切りすることへの嫌悪感からくる泥沼の状態だ。
　とくに、後者のケースは、「自分が損切りをしてしまった後、相場が戻ったらどうしよう」という漠然とした恐怖心が、自己の判断に影

響をおよぼしている。その結果、何の根拠もないまま、当初のトレードプランを変更してしまっているのだ。

　トレードを始める前に、よく考えたうえで自分のトレードプランをしっかりと決める必要がある。どこで相場に入り、どこになったら止めるか。そして、まったく予想だにしなかった事件などがない限り、最初に決めたことを守ってトレードをする心の強さをもつことが大切だ。さもないと、大事な自分のお金を市場に食い尽くされてしまう。くれぐれもご注意あれ。

もう一人の自分をもつ

　前項に続いて、もう少し客観性について考えてみよう。

　ところで、これから説明することは、長期で外貨に投資している人たちのことは想定していない。そもそも私自身、外貨の長期投資は勧めていない。なぜなら、1年先の為替相場がどうなっているのかは、所詮誰にもわからないと思っているからだ。

　したがって、外貨預金や外国債券で外貨の長期投資を考えている人には、あまり関係のない箇所なので、飛ばして読んでいただいても構わない。あくまでもトレードを目的に為替の世界に入ってきた人のための解説である。

　トレードで勝つためには、2つのことについて考えなければならない。ひとつは相場の流れを読むこと。もうひとつは自分自身の好不調をよくつかむことだ。

POINT
調子が悪いときには、まるでわざと自分のウラをかくように相場が動いているように思えることがある。しかし、そう思うこと自体、状況を客観的に見ることができなくなっている証拠である。相場は誰のポジションも知りはしない。日々淡々と動いているだけである。

第7章　精神力を高める──「守破離」で自分なりの"勝利の方程式"をつくれ！

　前述したように、相場には、簡単な相場とむずかしい相場がある。一本調子で動いている相場が簡単な相場で、逆に、方向感がなく、上がったり下がったりを繰り返す「もみ合い相場」は非常にむずかしい。よほどうまくやらないと、上で買って下で売ってを繰り返し、気がつくと意外に大損をしていたりする。

　自分自身に関してもそうだ。人間にはバイオリズムというものがあって、好不調の波が交互にやってくる。これは人間である以上、避けることはできない。不調のときにトレードを続ければ、どんどん深みにはまっていく。

　相場で儲けるための鉄則は、なんといっても「儲けは大きく、損は小さく」に尽きる。ところが実際は、「小さく儲けて、大きく損する」人がきわめて多い。それは、わずかでも儲かると、すぐに利食いをしたくなる自分の感情に勝てず、損をしたとき損切りを躊躇してしまう心の弱さがあるからだ。また、決めたとおりに損切りをしても、買っては損切り、またすぐに買っては損切りというように繰り返すと、結局は何倍も負けてしまうことになる。これも、早く損失を取り返したいという焦りが原因だ。

　時々、まるで相場に馬鹿にされているかのように、自分が買うと下がり、売ると上がるということを経験することがある。しかし、それに腹を立ててはいけない。相場は別にあなたの行動など知りはしないし、あなたを中心に相場が動いているなどということは決してない。自分が相場のなかで勝手に走り回っているだけなのである。それをよ

く理解することだ。

　昔の人は、地球は自分を中心に回っていると考え、天動説を信じていた。ところが、実際はどうかというと、地球が太陽の周りを回っているのである。
　相場に対する見方もこれと同じだ。自分は客観的な見方をしているつもりでも、実は自分を中心に考えてしまいがちである。それを防ぐには、地球を宇宙から見るように、相場を外からみることも大切だということを覚えておくといいだろう。

すべては自分の責任

「自己責任の時代」などといわれるが、トレードでもこれは同じだ。自分のお金を自分で運用している以上、それは避けて通ることはできない。ところが、頭では理解できても、それを体で理解できる人は少ないように思える。

たとえば、講演会などで有名なエコノミストが「今年は円安に行く」と言ったのを聞き、それを信じてドル買い円売りをした人たちが、まったく円安にならずに、どんどん円高が進んで損失が膨らんでいくと、「何だよ、あいつの言ったことを信じてやったのに全然当たらないじゃないか」と怒りをあらわにする。よく聞く話だ。

日本人にはとても悪い癖がある。それは権力や権威に弱いということだ。名前を聞いたことがある有名な人の有難い話を聞くと、それをすぐに信じてしまい、「あれだけ有名で偉い人の言うことなのだから間違いないはずだ」と思い込んでしまう。とくに年配の方に多いようだ。

私も駆け出しディーラーのころ、こうした失敗を何度となく経験したものである。有名な人の話を真に受けて、相場を張って大損したこともある。そうした失敗を繰り返してたどり着いた結論が2つある。
1　有名だということと、言うことが当たるかどうかはあまり関係が

ない
　2　人の言うことを真に受けて失敗すると、後悔が大きく後に引きず
　　る
ということだ。

　年末年始には、「今年（来年）の相場予測」といった特集が、新聞や雑誌で紹介されるが、この手の予想はあまり当てにはならない。実際、過去の相場予測を見返してみるといいだろう。ピタリ正解という人は、ほとんどいない。でも、昨年の相場予想が当たっていたかどうかなど、月日が経てば、誰も気にしなくなる。そして、次の年末が近づくと、また「今年（来年）はどうなる？」といった見出しが、雑誌や新聞を飾り立てることになる。予測とはそういうものなのだ。
　また、予想を立てる場合は、大勢の人たちがそれを聞いて納得する理由が必要になるため、どうしても通り一遍の予想になる傾向がある。なぜそのような見通しになるのかという理由を聞くと、たしかに理路整然と説明されており、「なるほど」と思わず納得してしまうものだ。

　ところが、市場はそういうものではない。
　私たちトレーダーは、市場が理屈どおりに動かないことを知っている。なるほどと思う話をされても、常に話半分で聞くようにしている。
　また、マーケットの人たちは移り気で、飽きっぽいことも知っている。私の経験上、同じネタをテーマに相場が動くのも、せいぜい数カ月程度だ。それを超えると飽きがくる。材料の賞味期限は数カ月と考えるべきだろう。

市場が何を次のテーマにするかは、正直言ってわからない。忘れかけたころに、昔のネタをひっぱり出してくるのも為替市場ではよくあることだ。

　トレーダーは、この手のネタが話題になり始めた時点から、それに対応していけばいいのだ。そのネタで、数カ月間は食えるからだ。とりあえず1年間の予想は立てても、自分の予想とは違うネタに市場が注目し始めたら、その都度、見方を修正して対応していくのがトレーダーである。相場を当てることが目的ではなく、稼ぐことが目的なのだから。

　とはいえ、一般の人はどのように相場予測（大きな指針）をもてば良いのか、よくわからないかもしれない。その場合、まずは専門家といわれる人たちの意見を聞いてもいい。それも一人ではなく、複数の意見を集め、自分としてどの人の意見を信用できるかを決める。そして一度決めたら、誰が言ったからということではなく、あくまでも自分の判断として行動することだ。その際に大事なことは、あまり長期の予想を当てにしないこと。せいぜい、3～4カ月程度までの相場予想を重視することだ。

POINT
　トレードの結果は、すべて自分の行動に起因するものである。トレードの結果は、すべて自分の責任である。

また、トレードで負けたことをマーケットのせいにする人も少なくない。「何で俺が買うと売りのニュースが出るのだ！」「こんな局面で下がるのはおかしい。マーケットが間違っている」などと、誰でも一度は考えると思う。
　しかし、負けたのはあくまでも自分が下手だからだ。負けるようなタイミングで売買を仕掛けたことが、負けにつながっている。あくまでも自己責任であることを理解したうえで、なぜ自分はそのような悪いタイミングで売買してしまったのかをじっくり検証してみるといい。必ず、共通した原因が見つかるはずだ。
　何事も、自分で決めて自分で行動した結果、上手くいかないのは、すべて自分のせいなのである。

局面での負けを認める

「負けを認める」という、少し嫌なテーマについて考えてみよう。

よく無敗のトレーダーとか、何百連勝のトレーダーといったキャッチフレーズを耳にすることがあると思う。これはよほどの天才か、はたまた予知能力でももっていない限り、まず無理と考えていいだろう。

実は、かくいう私も「15年間無敗のトレーダー」として紹介されている。しかし、それは年間ベースの話であって、日々のトレードの結果は、勝ったり負けたりの繰り返しである。私のような凡人は、やり方を工夫して、できるだけ勝てるようにするしかない。

そもそも、「勝つ」とはどういうことだろうか。

トレードにおいて勝つとは、「儲けを残す」ということに尽きると思う。一回一回のトレードで勝ったり負けたりを繰り返すなかで、最終的に儲けが残っていればいいということだ。

では「儲けを残す」ためには、何に気をつければいいのだろうか。

最初に思いつくことは「勝率」を上げることである。トレードの本を読むと、「勝率の目標を7割、あるいは8割にせよ」などと書かれている。しかし、私にいわせれば、この数字ですら驚異的だと思う。

私の経験では、勝率は6割もあれば十分である。場合によっては5割でも十分かもしれない。

「5割でどうやって勝てるの？」と思う人もいるだろう。恐らく、ここまで読み進めてこられた方なら想像がつくかと思うが、それは「勝つときは大きく、負けるときは小さく」ということに尽きるのである。

仮に、勝ったときの利食い幅が負けたときの損失幅の3倍だとすれば、勝率が5割だとしても、かなりの利益を残すことができる。

基本的にはこれだけのことだが、「言うは易し」で、実際に実行しようと思うと非常にむずかしいのがわかると思う。しかし、これを実現しなければ、勝利の美酒を飲むことはできない。

そのために大切なことは、前述したように、利食いとロスカットの割合をあらかじめ決めておき、それに忠実に従うことだ。そして、その際に大切なことは「負けを認める」という心がけをもつことである。

人間は基本的に自分中心に物事を考えるため、自分が負けるということに対して、非常に抵抗感を覚える。ましてや、金銭的に損をすることについては、どうしても躊躇してしまいがちだ。そして、ここがキモなのだが、人間はたいがい同じような行動を取るため、損失が膨らんでいる局面では、他の人も損失を被っているケースが多い。その

POINT

人間は自己中心的なものだから、自分が負けること、損をすることには自然な抵抗がある。しかし、トータルで相場に勝つためには、局面において負けることが「不可欠」なのだ。したがって、自然な気持ちに反し、意識して負けを認めるように努力することが大切である。

ため損切りが集中し、値動きが加速してさらに損が膨らんでいくのである。

　損をするのは誰でも嫌なものだ。しかし、負けることもトレードのひとつと考え、受け入れなければならない。仮に今回のトレードで損失を被ったとしても、次のトレードで取り返せばいいだけの話である。そのためには、損失幅をできるだけ最小限に抑え、かつ支払うコストをできるだけ少なくする。これが結果として"常勝"につながる秘訣だ。

　すでにトレードをやっている方は、いま一度、自分のトレードのやり方を見直してみるといい。その際に注意すべき点は、

1　最初にトレードしたとき、いくらまで損したら止めるか決めているか？
2　そのとおりにやっているか？

の2つだ。どうも自分はそのとおりにやっていないと思った方は、すぐにトレードの手法を切り替える必要がある。

少数派を楽しもう

「パレートの法則」というものをご存知だろうか。

イタリアの経済学者であるパレート氏が発見した所得分布の経験則で、人口全体の2割程度に当たる高額所得者が、社会全体の所得の8割を占めるというものだ。別名2：8の法則とも呼ばれる。この法則は他のいろいろなケースにも応用できるといわれている。

たとえば、「全顧客の20％が全体売上の80％を占める」「全商品の20％が総売上の80％を占める」「税金を納める上位20％が税金総額の80％を負担している」、あるいは「社員のうち20％の人が会社全体の利益の80％を稼ぐ」などなど。

とても興味深い法則だと思う。実は以前から、この2：8という比率は、トレードにも当てはまると私は感じているのだ。

まず、思いつくのは「収益の8割はトレード全体の2割のトレードから生まれる」ということだ。負けるときは小さく負け、勝つときに大きく勝つという戦法は、まさにこの法則に当てはまる。

加えて、もうひとつ重要なことは、相場の勝ち組は市場参加者全体の2割で、8割の人が負け組であるということ。

為替相場は「ゼロサムゲーム」といわれる。誰かが勝てば、誰かが負ける。そして勝ち負けを全部合計すると、差し引きゼロになるとい

うことだ。

　もう少し正確を期すならば、取引をするたびに手数料を取られるので、差し引きするとマイナスになるが、それはここでは置いておく。

　差し引きゼロになるうちで、稼ぐ人は全体の２割程度の人で、残りの８割の人は負けるという勘定になる。

　投資の世界にしろ、賭け事の世界にしろ、大体このような比率だと思う。

　右肩上がりで上昇する相場展開では、みなが儲かるということもあるかもしれない。しかし、相場がいつも上昇ぎみに推移するというのは、あくまでもインフレ成長期の考え方で、常にそうなるとは限らない。

　要は、勝つ人は限られているということだ。私たちは、この20％の人間になる必要がある。そのためには、どうすればいいのか。

　一言でいうと、「他人の言うことを鵜呑みにしない」ことだ。

　上昇相場を例に考えてみよう。上昇する直前には、その兆候があるものだが、それに気付くのはごく一部のプロだけだ。その後、上がり始めると、ポツポツと話題には上るものの、多くの人はまだ気が付かない。そして本格的に上がり始めると、新聞などマスコミが取り上げ

POINT

統計的事実でいえば、相場で儲ける人は全体の２割程度に過ぎない。だとすれば、「多くの人がいま何を考え、どういうポジションをとっているのか」を、冷めた目で見ることも必要になる。

るようになる。話題に上るときは理由も必要になるので、もっともらしい理屈で紹介されるようになる。

　周りの大勢が上がると言えば、普通は安心するものだ。ましてや、いかにもそれらしい理由が書かれていると「なるほど」と信じてしまいがちになる。

　しかし、実はこの状態がいちばん危険なのかもしれない。あなたはすでに負け組の仲間入りをしている恐れがある。

　そうではなく、皆が騒いでいるときは、かなりの人がすでに買ってしまっている状態なので、「相場もそろそろ終わりかな」と考えられるようになれば、しめたものだ。勝ち組に入れる思考回路が身に付き始めている証拠である。

　自分だけ仲間から外れるのは勇気が必要だが、だからこそ人と違う成果が上げられるのだ。周りが興奮しているのを冷めた目で見られるぐらいの余裕をもって、情報を収集して分析すること。そうすれば、またこれまでとは違った風景が見られるかもしれない。

相場の流れもいつかは変わる

　随分昔の話になるが、1995年にドル円が1ドル＝79円台の超円高になったとき、専門家のあいだでも1ドル＝50円までいくと言っていた人たちがゴロゴロいた。しかし、実際は4月19日に1ドル＝79円75銭をつけた後、一転して円安展開となり、上下を繰り返しながら、3年あまりで1ドル＝147円まで円安が進んだ。

　2004年のドル円相場を見ても、年初の円高を切り抜けた後、相場は反転し、一時は1ドル＝115円近くまで円安が進んだ。しかし、年後半になると、再びアメリカの双子の赤字がテーマになり、逆に1ドル＝100円を切ろうかという水準まで円高が進行した。

　振り返れば、バブルのときの株価もそうだ。専門家連中は、日経平均が5万円まで確実に上昇する、いやいや8万円までいくなどともっともらしく言っていたが、実際は4万円にも届かないまま急落し、一

POINT
たとえば現在のドル円でいえば、1回のトレンドの動きは大きくても10円前後で、大した材料でなければ5〜7円も動けばいいほうだ。また、年間の変動幅は20〜25円程度というのがここ10年ほどの平均である。これにこだわるのは禁物だが、為替相場の全体像として、こうした状況を把握しておけば、闇雲に慌てることなく対応できる。

時は7000円台まで下落してしまった。

　相場は、同じ流れがいつまでも続くということはない。上がればいつかは下がり、下がればやがて上がるものだ。ところが、実際にトレードを始めると、この当たり前のことがわからなくなるときがある。
　自分が思っていたとおりの展開になると、そのまま流れがいつまでも続くのではという欲が出てくるのである。反対に自分が相場に乗れないまま、意図しない方向にドンドン動いていくと、自分だけが乗り遅れているのではないかという不安感から、早く何とかしなければいけないとあせることもよくある。つくづく、人間というものは惑わされやすいものなのだ。

　こうした錯覚を防ぐために、普段からチャートで過去の動きをよくチェックするようにしたほうがいい。そうすると、いくつか見えてくるものがある。
　まず、通貨によって値動きに特徴があるということ。これは株式でも、他の商品でも同じだと思う。
　ドル円で説明しよう。過去10年間のドル円相場を見ると、年間を通して同じ方向に動いているのは、1996年と2003年の2年だけ。その他の年は、途中で少なくとも1回は反転している。私の経験上、ドル円の1回のトレンドの流れは3〜4カ月、もっても6カ月ぐらいだ。
　また、期間だけではなくて、1回の流れで変動する幅も、ある程度の目安があるように思われる。たとえばドル円でいえば、1回の動きは大きくても10円前後だ。大した材料でなければ動いても5〜7円ぐ

らいだ。そういう波をトータルして、1年間の変動幅は20～25円程度だろう。もちろん、こうした幅は、そのときの相場の状況によって変化するものだが、一方で、それぐらいにクールに見ていることも大切なのだ。

　相場の流れは永遠ではない。どこまでも上がる相場、下がる相場など絶対に存在しない。とくに為替相場は移り気だ。話題にしているテーマがころころ変わる。それをよく心にいい聞かせて、相場の動きに惑わされず、「腹八分目」くらいの余裕をもって、トレードに臨んだほうがいい。

いつも謙虚に

　人間にはいろいろな欲望がある。食欲、睡眠欲、性欲など、本来人間がもっている欲望のほかに、権力欲、独占欲、征服欲、達成欲、金銭欲、刺激欲など数えたらきりがないほどだ。それぐらい人間は欲まみれの生き物である。トレードは、そんな人間の欲望を満たしてくれるもののひとつだ。

　そもそも、なぜトレードなどやろうと思うのだろうか。

　恐らくいちばん多い答えは、お金儲けをしたいからだろう。金銭欲だ。誰かが何かのトレードで１億円儲かったなどという話を聞くと、ついつい自分もと思う。宝くじなどで、３億円儲かった人の話を聞いて、ついつい買ってしまう心理も同じだ。

　それ以外にも、相場を当てたいという達成欲や、トレードをしているときの興奮が忘れられず、ついつい手を出してしまう刺激欲などもある。

　世の中にあるさまざまな賭け事、たとえば競馬やパチンコを見ていると、いかにはまっている人が多いかに驚かされる。赤鉛筆を片手に競馬新聞を見つめる人たち、開店前から並んで待つパチンコ狂、赤ん坊を車に残してまで、パチンコにのめり込む母親。

　彼らは勝ったときの味が忘れられなくて、ついついのめり込んでし

まうのだ。

　この勝ったとき、儲かったときの味が非常に危険なのである。損をするとこの世の終わりのように落ち込むが、過去に儲かった記憶が残像として残っていると、いつか取り返せると思い、トレードを続けてしまう。

　逆に、何かの拍子に儲かったりすると、自分は天才ではないかと思い、気が大きくなっていく。そして、取引金額がどんどん大きくなり、負けが込んでも切るに切れなくなり、結局、全財産をなくしてしまうというケースが本当に多くある。

　物事には限りがある。いつまでもいいことは続かないものだ。したがって、有頂天になっているときがいちばん危険なのである。自分は負ける気がしない、あるいは相場の考えていることが手に取るようにわかるなどと感じたら、危険信号だ。十分注意する必要がある。そこで何も考えず、強気でトレードを続けていると、どこかの段階で落とし穴に落ちてしまう。

　自動車免許の教習場で講習を受けると、講師が「自分の運転がうまいと思っている人間がいちばん事故を起こす」という話をする。正にこれと同じだ。自分はトレードがうまい、自分はトレードの天才だと

POINT

自信喪失もよくはないが、致命傷になることはない。それに対して、慢心することはときに致命傷につながることがある。したがって、トレーダーとしてより注意すべきは慢心である。

思っている人ほど、無茶をして、全財産を失ったりするのだ。

　銀行時代の私の部下に、とても才能のある男がいた。彼は、トレードが大好きで、アイデアも鋭く、いつも会社に遅くまで残ってはトレードを続けていた。ところが、最初は儲かっているが、その後どんどん金額を増やして、相場を深追いしてしまい、結局は大きく損をして終わる。こんなことばかりを繰り返していた。そんな彼も駆け出しのころは、慎重かつ大胆にやって確実に儲けていた。それが経験を重ねるうちに、ついつい自分自身に慢心してしまったのだ。

　損をしたときは、「そういうこともある」と思えばあまり落ち込まない。逆に儲かっても、「たまたま儲かったのだ」という程度に考えているとちょうどいいのである。

　自信喪失も問題だが、慢心はもっと危険なのだ。「驕れる者も久しからず」という言葉を忘れてはいけない。

第7章　精神力を高める──「守破離」で自分なりの"勝利の方程式"をつくれ！

自分の限界を知れ

　人間とは不思議なもので、その人なりの器というものがある。それは、もって生まれた先天的なものと、経験で身に付いてくる後天的なものの両方があると私は考えている。

　先天的なものとしては、たとえば短気、気が長いといったものがある。のんびり屋さんの人がデイトレーディングに挑戦しようと考えるのは、マラソン選手が100メートル競走に挑戦するようなものだ。また、逆もしかりで、気の短い人は、中期的にドル買いのポジションをもとうと思っても、何もせずにいることにイライラしてくる。

　本などで「私はこうして儲かった」などとよく紹介されているが、それはあくまでもその人の性格に合う取引をしていたからこそ儲かったのであって、読者がそのやり方を真似しても、必ず儲かるとは限らない。

　自分自身の性格をよく考えて、自分に合った投資法を見つけることが大切だ。

　一方、経験で後天的に身に付くものもある。

　銀行時代の私も、駆け出しのころは月に1000万円儲けるとそれ以上、不思議なことに勝てないという状態がしばらく続いた。それ以上儲けようとすると、逆に大損をしてしまうのだ。ところがその後、これ以

上儲からないという限界金額が5000万円、1億円、2億円というように、徐々に増えていった。銀行時代の最後のころは、1カ月で4億〜5億円ぐらい儲けることもあったが、やはりそれ以上勝とうとすると、不思議と逆に大負けをしていた。

個人で自分自身のお金を運用するようになり、またまた状況が大きく変わってきた。それまでは、銀行のお金を運用していたので、大きな金額でトレードしても大して動揺はしなかったが、自分のお金になると勝手が違ってくるものだ。

2004年の秋口から年末にかけては、かなり儲けたものの、年明けの1月にかなり大きな損を出してしまった。要因を分析してみると、11月、12月に勝ち過ぎた反動だった。銀行時代は月単位で、損してもよい限度額が決まっていたが、個人投資家になってそのようなリミットがなくなったことも、大損を防ぎ切れなかった原因だと考えている。この失敗で、自分のお金でトレードをしたときの限界点が見えてきた。

このように、不思議とそのときの自分には見えない壁とでもいうべきものが存在する。それ以上、儲けようとすると、必ずといっていいほどしっぺ返しを食らうのだ。

POINT

儲かっているのに、ある時点からうまくいかなくなったら、やり方が間違えているのではなく、"自分の限界"に近づいている可能性もある。そのときは、資金量や損失を許容できる限度額について改めて洗い直し、意識して限界点を引き上げていくことが必要だ。

儲かっているのに、ある時点でそれ以上儲からなくなる。そのようなときは、いったんトレードを止めてみるといい。おそらく、自分でも気が付かないうちに、ある種の限界点に近づいている可能性が高いと考えられるからだ。

また自分の限界点を知るためには、その時点における自分の資金量もよく考えること。自分自身の性格だけではなく、金銭的にどれぐらい余裕があるのかも、トレードに大きく影響するからだ。

まずは自分の財力と相談し、自分がいくら損をしてもいいかを決めること。それを決めたら、1回のトレードでいくらまで損したら止めるということを決める。

たとえば、自分はいま全財産で1000万円もっており、そのうち200万円はトレードで負けてもいい（トレードにつぎ込む）金額だと決めたとしよう。そうしたら、今度は1回のトレードで、200万円の10％に相当する20万円まで損したら止めるというように決める。後は、それに従ってトレードを行ない、儲かったら段々その限度額を上げていくといいだろう。1回で損してもいいと思われる金額には個人差もあるが、通常はトレードに使う資金の5〜10％程度にするといいようだ。

自分の得意技を会得する

　自分に自信をもっている人は、周りで何が起きても、自分のやり方を貫き通して結果を残す。これはスポーツの世界でも、会社経営の世界でもよく聞く話だ。イチロー選手は独特のフォームを貫き通すことで、絶対に球に当てられるという自信を身に付け、それが世界新記録に結び付いた。日産のカルロス・ゴーン氏は、周りがいろいろと批判するなか、自分の考えを信じてリストラを進め、日産を奇跡の再生に導いた。

　トレードもこれと同じだ。自分で得意なやり方を身に付け、自分がいつも立ち返るべき原点が確立すると、それが自分への自信につながっていく。その結果、市場の動きに振り回されなくなり、さらに得意技にさらに磨きがかかって儲かるようになる。

　しかし、得意技を身に付けるのは、言うほど簡単なものではなく、やはり経験が必要になってくる。したがって、まずはいろいろな方法を試してみることだ。最初は、書物などで紹介されている方法を真似してみてもいいだろう。自分に合わない方法でトレードをしていると、何となくイライラしたり、不安になったりする。いろいろな方法を試しているうちに、徐々に自分に合った方法が見つかるものだ。それを見つけることができたら、あとは磨き上げていくこと。

よく、トレードにはファンダメンタルズ分析が大事であるとか、テクニカル分析のほうが効果的だなどと、専門家のあいだでも意見が対立する。あるいは、長期投資をすべきと紹介している本もあれば、デイトレードのほうが確実だと主張する本もある。はたまた、株のほうが儲かるとか。為替のほうがやりやすいとか、人によって考え方は違うものだ。

　しかし、数学のように絶対的な正解など、トレードの世界には存在しないと、私自身も思っている。どの方法もアプローチが違うだけで、比較しようがないし、どれも正解だともいえる。問題は、その方法が「自分に合っているかどうか」ということなのだ。

　私は最初、金利のトレーダーだったこともあり、経済指標などを分析して相場を読もうとしていた。いわゆるファンダメンタルズ分析だ。しかし、それだけではなかなか相場を当てることがむずかしかった。

　そこでいろいろ考え、テクニカル分析を勉強した。チャートは動きが形として見えるので、ファンダメンタルズ分析よりも効果的だと考えたのだ。

　結局、相場は人が動かしているものであり、動かす材料のひとつが

POINT
トレードの世界にはたくさんの「正解」がある。問題はその方法が「自分に合っているか」である。たくさんの方法論のなかから、自分に合ったものを見つけ、さらに工夫し、自分の形＝得意技として身に付ければ、それが「勝利の方程式」となる。

ファンダメンタルズで、そうした動きの結果がチャートに現れるというのが私の結論である。すべてが複合的につながっているのだ。

いまは、市場参加者がどのようなテーマに注目し、どう動こうとしているのかを予想するのが、私の得意技である。そして、チャートを見ながら仕掛けのタイミングを計るのだ。

もちろん、これは私にとって合う方法であり、読者のみなさんにもこの方法が適しているとは限らないのだ。

トレードの方法は千差万別である。さまざまな方法を試して、自分のフィーリングに合った方法を、少しでも早く見つけるようにすることが肝心だ。ただ、どのような方法にも共通していることがある。それは、

1　トレードは勝つときに大きく勝って、負けるときは小さくする
2　簡単な相場で儲けて、むずかしい相場は捨てる
3　自分の調子がいいときは攻めて、調子が悪いときはやらない

である。

最後に一言いうならば、

「負けない（退場しない）者には、勝つチャンスがある！」

である。時間はかかるかもしれないが、みなさんそれぞれの「勝利の方程式」を見つけだしていただきたい。

今井 雅人（いまい　まさと）
1962年生まれ。上智大学卒業後、三和銀行（現三菱東京UFJ銀行）でディーリングの世界に入る。大学時代はマージャンの代打ちで稼ぐなど異色の経歴をもつ為替トレーダー。行動心理学とテクニカル分析を駆使した独自の手法で為替相場と対峙、15年間にわたり年間のマイナスが一度もないという運用実績を上げ、"常勝トレーダー"と呼ばれた。UFJ銀行為替部門統括次長兼チーフディーラーを経て、2004年にマットキャピタルマネジメントを設立。また、2006年には投資情報を配信するグローバル・インフォ（株）を設立。現在、早稲田大学公共政策研究所・研究員を兼務。

外国為替トレード　勝利の方程式

2005年8月1日　初版発行
2007年6月1日　第11刷発行

著　者　今井雅人　©M.Imai 2005
発行者　上林健一

発行所　株式会社日本実業出版社　東京都文京区本郷3-2-12　〒113-0033
　　　　　　　　　　　　　　　　大阪市北区西天満6-8-1　〒530-0047

編集部　☎03-3814-5651
営業部　☎03-3814-5161　振　替　00170-1-25349
　　　　　　　　　　　　　http://www.njg.co.jp/

印刷／三晃印刷　　製本／共栄社

この本の内容についてのお問合せは、書面かFAX（03-3818-2723）にてお願い致します。
落丁・乱丁本は、送料小社負担にて、お取り替え致します。

ISBN 978-4-534-03942-2　Printed in JAPAN

下記の価格は消費税（5%）を含む金額です。

図解でわかる
ランダムウォーク＆行動ファイナンス理論のすべて
田渕 直也　　定価 2520円（税込）

市場の動きは不確実なのか、予測できるのか。投資家を魅了する「市場理論」（＝錬金術）を豊富な図解で解説！　金融実務家、一般投資家など投資や市場に関わるすべての人にとって待望の一冊。

図解でわかる
デリバティブのすべて
田渕 直也　　定価 2940円（税込）

まったく予備知識がない人にもわかるよう、平易な言葉でデリバティブを解説。付録 CD-ROM の Excel シートで、キャッシュフローの転換やモンテカルロのつくり込みなどもできる。

入門の金融
外国為替のしくみ
小口 幸伸　　定価 1575円（税込）

相場や市場のしくみから、取引の実際、代表的な通貨の特徴、デリバティブ取引、レートの読み方まで、基本知識を図解でやさしく解説。金融マンや実務家はもちろん、学生、一般投資家も必読の一冊。

儲かる！　株の教科書
テクニカル指標の読み方・使い方
伊藤 智洋　　定価 1470円（税込）

最低限知っておくべき基本的なテクニカル指標の見方や、最近流行のオシレーター系指標を用いた売買のタイミングなどを、極めて実践的なアプローチ、豊富なチャートと図解でわかりやすく教える。

儲かる！　株の教科書
ケイ線・チャートの読み方・使い方
阿部智沙子　　定価 1470円（税込）

買いサイン・売りサインの見つけ方、銘柄選びのコツ、上値・下値の探し方、利益確定・損切りラインの決め方、トレンドの読み方…等々、極めて実践的なアプローチでチャートの読み方を伝授する。

儲かる！　株の教科書
日経225オプション取引　基本と実践
増田 丞美　　定価 1890円（税込）

コール OP・プット OP の基本的な買い方から、売りと買いの組合せ、先物とオプションを組み合わせた上級テクニックまで、必ず役に立つ知識とノウハウを第一人者がわかりやすく解説する。

ドクター田平の　1万円からできる
外貨で3000万円儲ける法
田平 雅哉　　定価 1575円（税込）

投資が大好きな内科の勤務医が、持ち前の研究心と試行錯誤を経て編み出した「ローリスク・ハイリターン」のFX（外国為替保証金取引）投資法！　効率よく儲かる手法のすべてを公開。

定価変更の場合はご了承ください。